TRUE CRIME PUZZLES

SparkPool

Published in 2025
First published in the UK by SparkPool Publishing
An imprint of Igloo Books Ltd
Cottage Farm, NN6 0BJ, UK
Owned by Bonnier Books
Sveavägen 56, Stockholm, Sweden
www.igloobooks.com

Copyright © 2024 Igloo Books Ltd

All rights reserved. No part of this publication may be reproduced or transmitted in any form or by any means, electronic, or mechanical, including photocopying, recording, or by any information storage and retrieval system, without permission in writing from the publisher.

0225 001
2 4 6 8 10 9 7 5 3 1
ISBN 978-1-83544-209-8

Interiors designed by Simon Parker
Written by Cameron-Rose Neal

Puzzle compilation, typesetting and design by:
Clarity Media Ltd, http://www.clarity-media.co.uk

Printed and manufactured in the UK

TRUE CRIME
PUZZLES

ABOUT THIS BOOK

This book features over 200 true-crime-themed puzzles for you to solve. From crosswords to word wheels, discover the stories of past criminal cases and learn all about the gritty details of real-life offences.

Solve the mind-boggling puzzles included on each page and fully immerse yourself in the action as you uncover the real stories behind each criminal. The more puzzles you solve, the more interesting facts you'll learn as intriguing information heads each page.

From daring bank heists to villainous murderesses, this book has it all. Learn about how an heiress landed herself with an ankle monitor, a photographer's heist inspired conspiracy theories about Great Britain's royal family and one man killed thousands.

You'll find puzzle instructions on pages 6-7 – your how-to guide for solving each problem.

CONTENTS

PUZZLE INSTRUCTIONS 6

THE GERMAN HEIRESS 8

THE BAKER STREET HEIST 46

THE KING OF COCAINE 86

THE BULGER BROTHERS 124

THE INDIANA OGRESS 162

THE DISGRACED BUSINESSMAN 200

SOLUTIONS 238

PUZZLE INSTRUCTIONS

A–Z PUZZLE
Each letter of the alphabet from A–Z has been removed from the grid once, to leave 26 empty squares. You must work out which letter from A–Z fits in each of the blank squares and write it in, so as to fill the grid and solve the puzzle.

ARROW WORDS
Answer the clues in the grid in the direction of each arrow to complete the puzzle. For an added puzzle, unscramble the letters in the grey squares to reveal a word!

BRIDGES
Connect all the circles (which represent islands) into a single interconnected group. The number in a circle represents the number of bridges that connect that island to other islands. Bridges can only be created horizontally or vertically, with no more than two bridges between any pair of islands. Bridges cannot cross any other bridges.

CROSSWORD
Each across and down clue is assigned a number that corresponds to the squares in the grid. Answers must fit within the allocated space given on the grid and each letter must correctly spell each word.

KAKURO
Fill the white squares so that the total in each across or down run of cells matches the total at the start of that run. You must use the numbers from 1–9 only and cannot repeat a number in a run.

KING'S JOURNEY
Deduce the journey of a chess king as it visits each square of the grid exactly once, starting at 1 and ending at 100. The king may move one square in any direction at a time, including diagonally.

PUZZLE INSTRUCTIONS

KRISS KROSS
Each word must be placed in the grid once to solve the puzzle – you must work out where each word goes in order to complete the grid.

PATHFINDER
Moving from letter to adjacent letter, can you find a path that visits every square and spells out words associated with the given theme? Start on the shaded square.

RECTANGLES
Divide the grid into a series of rectangles or squares so that every cell is in exactly one region. Numbers indicate the size of each region: for instance a '5' in a cell means that cell is part of a region that contains five cells in total. There is only one number in each region.

SUDOKU
These logic puzzles do not require mathematical ability. You must place each number from 1–9 exactly once into each of the rows, columns and boxes in the puzzle grid based on the numbers already placed.

WORDSEARCH
Words may be hidden horizontally, vertically, diagonally, forwards or backwards. Circle discovered words and cross them off the list.

WORD WHEEL
The word wheel contains a circle of letters. You are required to unravel the word which uses all of the letters. For an added puzzle, make as many words as you can using the letter in the centre.

WORD LADDER
Word ladders begin with a word. For each rung of the 'ladder', you must change one letter of the word, creating a new word each time until you reach the word at the bottom of the puzzle.

THE GERMAN HEIRESS

When German heiress Anna Delvey arrived in New York City in 2013, she took the most elite inner circles of the city's famed and wealthy by storm. With a trust fund rumoured to be in the millions set to kick in any day, Anna naturally fit in among others of her social status and made connections with many while staying at the most expensive hotels New York City had to offer. By all accounts, Anna blended with high society so well that no one questioned whether she should have belonged there at all. Until, that is, her lies began to unravel.

While trying to secure funding for the art foundation she wished to launch, Anna enjoyed a lifestyle of lavish dinners, opulent parties and designer clothes. During her many rendezvous with both influential friends and business contacts, she occasionally found herself without a valid method of payment. Promises of wire transfers from Europe never materialised, card payments failed (because, as Anna assured, European cards just don't work well with American machines) and her extremely wealthy father was always cutting her off at inconvenient times. Eventually, Anna's friends began to question her legitimacy.

Hotels realised they did not have valid methods of payment on file for Anna and, as she charged everything to her room, bills began to rack up high. Everything came to a head when a few of the hotels she had stayed in filed for theft of services. Furthermore, a trip abroad almost left her stranded in Africa. After years of dodging her bills, Anna was eventually arrested in 2017. Many stories were written about the then-assumed fake heiress (who turned out to not even be German!) and Jessica Pressler wrote an article which 'broke the internet' for *New York Magazine* in 2018.

The world watched as Anna, whose real full name is Anna Vadimovna Sorokina, was the focus of a long and highly publicised trial in 2019. Since then, her story has inspired many adaptations, including books, television series and documentaries.

THE GERMAN HEIRESS

At 19-years-old, Anna left Germany for what she hoped would be greater opportunities in Paris and decided to switch out her birth surname, Sorokin, for Delvey.

PUZZLE NO. 1

Kriss Kross

3 letters
Jet

4 letters
Bank
Debt
Fair
Fund
Jury
Loan
Soho
Wire

5 letters
Money
Phone
Trial
Trust

6 letters
Credit
Delvey
Dinner
Hotels
Vanity

7 letters
Heiress
Wannabe

8 letters
Business
Designer

9 letters
Celebrity
Inventing
Socialite

THE GERMAN HEIRESS

While in Paris, Anna secured an internship with *Purple Magazine*; this is what led her to New York City for Fashion Week in 2013. She later decided to remain in the city.

PUZZLE NO. 2

Sudoku

1	4				3			
			8			2		
			7					9
	2	9		3				8
		5				1		
4				8		3	2	
7					5			
		6			9			
			3				5	4

THE GERMAN HEIRESS

Always dressed in the most up-to-date trends, Anna became a regular fixture of the New York social scene and was regularly spotted rubbing elbows with the rich and famous. Anna had managed to infiltrate one of the most elite social circles as she masqueraded as one of the many trust fund kids in America – but always paid in cash.

PUZZLE NO. 3

Bridges

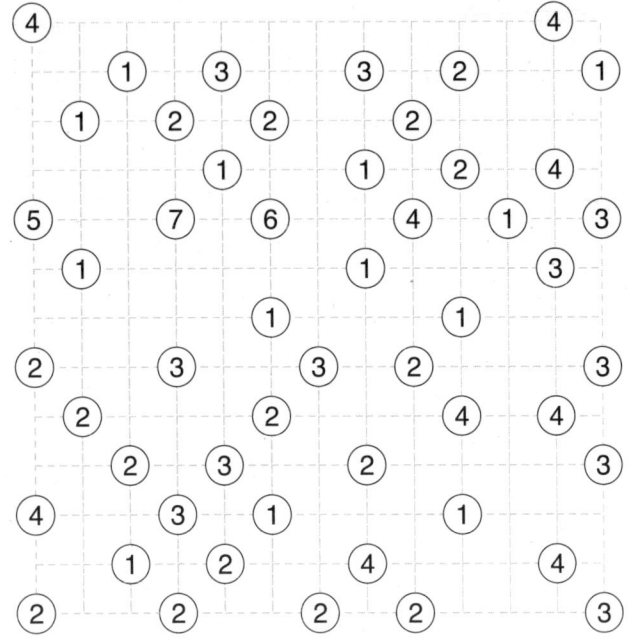

THE GERMAN HEIRESS

In 2016, Anna started to toy with a business idea; she wanted to open a social club which catered to the wealthy and elite of New York. The wordsearch below reveals all about the where, when and how of Anna's vision for her club, which she called the Anna Delvey Foundation.

PUZZLE NO. 4

Wordsearch

```
D S T N A R U A T S E R P O S
P E T S D Y N A M I C G O J T
X C L S E P M I H R E I T U M
S N T R T Y O O E R P A S I N
M E V E R R N P M L S B I C N
E L G U T G A A U E R U R E O
M U Q N K A N L L P S D H B D
B P L O U B V E A I S L C A N
E O N K A O G I X U V H P R O
R G R K V N L F R A S H O X L
S X E I A A L V A P E I A P L
N R C S J O Y R U X U L V S S
Y U O W O R K S P A C E S G X
A L A R U R S F I S C H E R C
V T S T P T T R A C Y E M I N
```

CHRISTO
DUBAI
DYNAMIC
GERMAN BAKERY
HONG KONG
JUICE BAR
LONDON
LOS ANGELES
LOUNGES
LUXURY
MEMBERS
OPULENCE
POP-UP SHOPS
PRIVATE
RESTAURANTS
SIX FLOORS
TRACY EMIN
URS FISCHER
VISUAL ARTS
WORKSPACES

THE GERMAN HEIRESS

Wherever she went, Anna was always known for making a statement by wearing high-end designers such as Alaïa, Dior, Valentino and Miu Miu.

PUZZLE NO. 5

A–Z Puzzle

A B C D E F G H I J K L M N O P Q R S T U V W X Y Z

THE GERMAN HEIRESS

PUZZLE NO. 6

Word Wheel

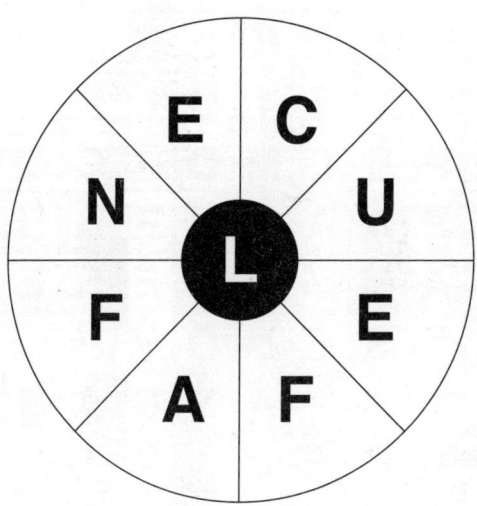

See how many words you can make out of the wheel!
(You must use 'L' in each word.)

CAN YOU GET THE 9-LETTER WORD?

THE GERMAN HEIRESS

In February 2017, Anna checked into the then up-and-coming hotel 11 Howard. While there, Anna met Neffatari Davis (known as Neff) – who was working at the hotel as a concierge – and the two became friends. Neff claims she saw no small amount of money pass from Anna to those around her during this time.

PUZZLE NO. 7

Pathfinder

H	C	I	A	K	E	S	I	R	N
Z	A	V	Z	I	B	L	K	S	U
T	P	E	L	M	O	A	C	Q	S
E	P	A	A	I	N	R	A	U	N
B	A	M	M	R	O	E	S	E	O
R	T	S	E	D	O	K	R	U	I
U	I	S	P	A	Y	O	A	S	S
O	A	C	I	L	I	T	T	E	R
C	S	E	R	G	E	H	P	E	P
O	S	E	N	S	T	R	I	I	M

Black Square, Courbet, Dali, Impression Sunrise, Kazimir Malevich, Matisse, Picasso, Seurat, The Green Stripe, Yoko Ono, Zappa

THE GERMAN HEIRESS

Anna began to spend much of her time working on the Anna Delvey Foundation in the hotel lobby while Neff was on shift. The foundation aspired to be an exclusive and sophisticated hub for artists and art alike.

PUZZLE NO. 8

King's Journey

	1	6	7	8		10			
		22			19	18	17	16	
								70	
		29	65		84		74		
25			86		100		82		
31			87		99	97	94		
	57								77
	55		60			92			47
	37					50	49		46
35			39	40	41				

THE GERMAN HEIRESS

Having told Neff that her father ran a business which produced solar panels, Anna was rumoured to have a trust fund which totalled $60 million that she would be able to access when she turned 25. It was with this influence and general persona that Anna managed to live a very luxurious lifestyle, inviting Neff to join her and her other friend, Rachel Williams in getting foot massages, cryotherapy, manicures and even to meetings with a celebrity personal trainer/life coach, which reportedly cost $300 a session.

PUZZLE NO. 9

Rectangles

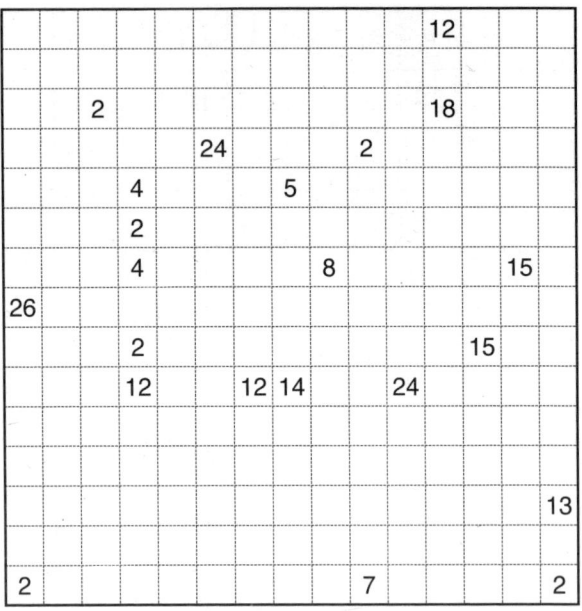

THE GERMAN HEIRESS

◆

Anna began hosting large dinners at Le Coucou and, through Anna's invitations, Neff was introduced to many people, including her childhood hero, *Home Alone* star, Macaulay Culkin. Neff said that 'Anna knew everyone', and introduced Neff to her 'dear friend' Martin Shkreli, who reportedly played them leaked tracks from *Tha Carter V* before the Lil Wayne album was released.

PUZZLE NO. 10

Kakuro

THE GERMAN HEIRESS

Throughout their various trips and encounters, Neff never doubted that Anna was who she claimed to be.

PUZZLE NO. 11

Kriss Kross

4 letters
Dior
Veja

5 letters
Alaïa
Coach

6 letters
Céline
Miu Miu

7 letters
Balmain
Casadei
Santoni

8 letters
Hugo Boss

9 letters
Sermoneta
The Attico
Valentino

11 letters
Calvin Klein
Ulla Johnson

15 letters
Emilia Wickstead
Stella McCartney

THE GERMAN HEIRESS

Anna had befriended Gabriel Calatrava, the son of a famed architect, back in 2015 – and told people that his family's real-estate company, Calatrava Grace, was helping her to secure the lease on a 4180 square metre, six floored, landmarked building on the corner of Park Avenue and 22nd, where she aspired to launch the Anna Delvey Foundation.

PUZZLE NO. 12

Sudoku

9		7	8		5			
	5				9			
		2	3					
7	2							8
			2	5	6			
4							2	6
					1	6		
			4				9	
			9		3	4		7

THE GERMAN HEIRESS

To secure the loan for the building, Anna was put in touch with Andy Lance, a New York City-based partner in Gibson, Dunn & Crutcher. Anna claimed he would take her calls whenever she needed.

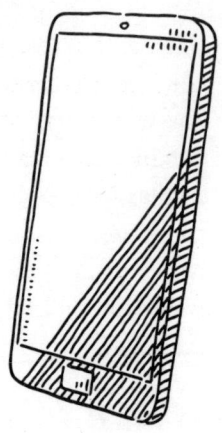

PUZZLE NO. 13

Wordsearch

D	U	U	R	K	Y	I	J	Y	U	H	R	L	E	G	E
X	M	G	Y	I	S	N	O	I	L	L	I	M	D	R	L
R	D	N	I	K	O	R	O	S	V	S	L	G	U	T	R
P	E	N	C	K	T	M	W	W	Z	Q	C	R	R	S	G
Q	Y	F	U	L	M	A	N	H	A	T	T	A	N	I	D
B	T	S	S	F	B	N	R	T	H	T	A	N	M	T	N
E	E	G	T	N	T	J	A	E	S	X	M	D	S	R	A
T	I	L	Q	F	A	S	I	M	P	P	A	L	S	A	L
I	C	A	N	K	E	R	U	D	R	X	R	A	E	N	R
L	O	M	A	D	E	H	T	R	Y	E	D	R	R	O	E
A	S	O	I	S	Z	T	T	E	T	F	G	C	T	C	Z
I	H	R	S	Z	K	W	V	Q	R	S	A	E	R	P	T
C	G	O	S	I	M	L	F	P	F	I	L	N	O	X	I
O	I	U	U	L	E	Y	I	H	C	S	W	Y	F	G	W
S	H	S	R	D	F	R	A	U	D	I	A	E	E	Q	S
K	N	A	B	L	A	N	O	I	T	A	N	Y	T	I	C

CITY NATIONAL BANK
CON ARTIST
DELVEY
DRAMA
FORTRESS
FRAUD
GERMAN
GLAMOROUS
GRAND LARCENY
HEIRESS
HIGH SOCIETY
MANHATTAN
MILLIONS
RUDE
RUSSIAN
SCAM
SOCIALITE
SOROKIN
SWITZERLAND
THEFT
TRUST FUND
WIRE TRANSFER

THE GERMAN HEIRESS

Indeed, it was Lance who filled out the firm's new-client-intake form on Anna's behalf and checked the box which assured she had the resources to pay, before putting her into contact with large financial institutions such as City National Bank and Fortress Investment Group.

PUZZLE NO. 14

Bridges

THE GERMAN HEIRESS

When City National Bank asked to see the UBS statements, they received a list of figures from a man named Peter W. Hennecke, whom Anna claimed was the head of her family's office.

PUZZLE NO. 15

A–Z Puzzle

THE GERMAN HEIRESS

Later, calls to Hennecke would go unanswered and all emails would bounce back, leading Anna to claim that Hennecke had passed away and introduce her family's new advisor, Bettina Wagner.

PUZZLE NO. 16

King's Journey

60							12	10	
	63		72			16			
				74		19			5
	66				78	25	18		4
56	67							1	
					100				
			81		97	99	90	87	28
		50			96			86	
		45		52					
	40					35		32	

THE GERMAN HEIRESS

Neff and Anna continued to spend a lot of time together over the following months. One night, Anna invited Neff out for a meal at Sant Ambroeus in Soho, one of her preferred exclusive restaurants. The pair were enjoying their evening when a member of the restaurant's staff approached to explain that Anna's card had been declined.

PUZZLE NO. 17

Pathfinder

O	O	R	O	D	G	B	U	I	L
D	G	F	R	C	R	R	E	I	D
M	A	M	E	E	E	E	B	P	N	G
C	N	E	H	R	A	M	P	O	W
H	A	R	T	T	R	E	N	C	H
A	M	M	O	N	I	C	A	T	O
T	U	E	K	R	A	L	L	E	A
E	A	R	L	E	P	E	U	N	I
R	E	M	N	C	C	O	O	M	A
I	D	I	E	O	U	U	L	A	M

American Copper Building, Bergdorf Goodman, Chateau Marmont, La Mamounia, Le Coucou, Le Parker Meridien, The Mercer, W Hotel

THE GERMAN HEIRESS

In response, Anna handed over a list of alternative credit card numbers and reportedly insisted that the waiter try each one. All declined.

That night, Neff picked up the bill – which was around $300.

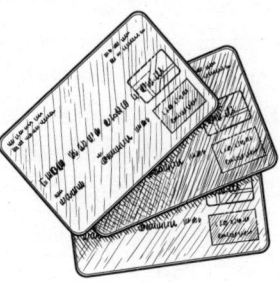

PUZZLE NO. 18

Kriss Kross

4 letters
Bank
Bond
Fund
Vest

5 letters
Money
Stock

6 letters
Enable
Equity
Induct
Permit
Wealth

7 letters
Endorse
Qualify

8 letters
Dividend
Investor
Property

9 letters
Financing
Portfolio

10 letters
Provisions

12 letters
Crowdfunding

THE GERMAN HEIRESS

Not long after, 11 Howard realised that they had no credit card on file for Anna. Because she was supposedly a client of Aby Rosen's, 11 Howard decided to accept a wire transfer for the $30,000 sum she owed. Anna assured Neff the transfer was on its way and sent a bottle of 1975 Dom Pérignon for Neff to distribute to the staff. Management threatened to lock Anna out of her hotel room but, to everyone's relief, the hotel received the payment. Anna purchased Neff a $400 top straight after.

PUZZLE NO. 19

Rectangles

	2		3									
4	2		4									24
	2	10		4						2		
			20						3			
		4		2								
					20						12	
2					21							
	21											
				3								
4												
2										11		
	4		2	30								
	2		5									

THE GERMAN HEIRESS

Anna then swiftly told Neff she was taking a private jet to Omaha to meet businessman Warren Buffet and had decided to take an executive from Martin Shkreli's hedge fund along, too. While in Omaha, Neff texted Anna to tell her that 11 Howard had changed the code on Anna's hotel door and moved her things into storage.

PUZZLE NO. 20

Wordsearch

U	M	N	Z	K	R	A	P	L	A	R	T	N	E	C	O
P	B	P	S	G	A	C	N	A	L	B	A	S	A	C	K
Y	Z	H	V	T	E	J	V	I	O	H	L	Y	N	T	R
S	N	E	D	R	A	G	L	A	C	I	N	A	T	O	B
P	S	U	N	S	E	T	B	O	U	L	E	V	A	R	D
E	K	B	A	R	F	M	E	K	P	Q	V	R	E	M	V
A	I	S	S	U	R	I	O	N	R	A	K	Q	U	M	E
K	U	B	I	L	A	M	K	R	I	O	R	W	L	D	U
E	C	N	A	R	F	A	D	Z	O	S	Y	I	U	U	N
S	E	L	E	G	N	A	S	O	L	C	L	W	S	G	E
F	I	F	T	H	A	V	E	N	U	E	C	A	E	A	V
J	E	L	P	P	A	G	I	B	C	U	T	O	N	N	A
C	A	L	I	F	O	R	N	I	A	F	C	R	Z	D	K
T	Y	N	A	M	R	E	G	B	N	L	K	F	Q	F	R
F	W	Q	O	B	Z	M	V	A	C	I	R	E	M	A	A
N	W	N	H	C	E	K	A	R	R	A	M	J	U	R	P

AMERICA
BIG APPLE
BOTANICAL GARDENS
CALIFORNIA
CASABLANCA
CENTRAL PARK
FIFTH AVENUE
FRANCE
GERMANY
LOS ANGELES
MALIBU
MARRAKECH
MOROCCO
NEW YORK
PARIS
PARK AVENUE
RUSSIA
STATEN ISLAND
SUNSET BOULEVARD

THE GERMAN HEIRESS

◆

Anna was furious and told Neff she intended to purchase web domains of all the managers' names, saying 'they're going to owe me one day'. She then told Neff she would be moving out – after she returned from Morocco, that is. Anna needed to reset her ESTA visa.

Reportedly inspired by Khloé Kardashian, Anna had reserved a $7,000 a night riad with a private butler in Marrakesh and took friends Rachel Williams, the celeb trainer she'd befriended, Kacy Duke, and a photographer.

PUZZLE NO. 21

Sudoku

9	2				4			
			5					
5						1		4
					5		9	
	1		7	3	8		2	
	7		2					
6		7						1
					9			
			4				8	7

THE GERMAN HEIRESS

Two days into their trip, Kacy came down with food poisoning and travelled home. A week later, she received a call from Anna, who was in hysterics. Anna told Kacy that she was alone at the Four Seasons in Casablanca and that there was a problem with her bank. The hotel was threatening to call the police. When Kacy's attempts also declined to go through, the hotel conceded the problem might be on their end. Kacy purchased a ticket for Anna to return to New York.

Anna had one request; could she make it a first-class ticket?

PUZZLE NO. 22

Bridges

THE GERMAN HEIRESS

Back in New York, Anna moved to the Beekman Hotel. Meanwhile, in London, the designer she had hired to do the branding work for her foundation was getting antsy, having not received the £16,800 fee Anna owed.

Then, the Beekman Hotel locked Anna out after she failed to pay her balance of $11,518. A two-night stay at W Hotel ended the same way and, by the 5th July, Anna was without a place to sleep. She asked to stay on Kacy's sofa. Confused, Kacy called Rachel to learn what happened in Marrakesh after she left.

PUZZLE NO. 23

Kakuro

THE GERMAN HEIRESS

Rachel told Kacy everything. When Anna's card was declined in Morocco, 'a threatening pair of goons appeared in the doorway' and Rachel was forced to put the entire balance – $62,000 – onto her *Vanity Fair* Amex she sometimes used for work. Anna promised to pay her back via wire transfer but, as of then, all Rachel had received was $5,000.

Rachel later informed the New York County District Attorney's Office that she believed Anna was a con artist and testified against Anna in court.

PUZZLE NO. 24

A–Z Puzzle

THE GERMAN HEIRESS

Kacy kicked Anna out. When Anna left her computer behind, Kacy took it to the front desk and instructed them to tell Anna she was not at home. When Anna decided to wait all night in the hotel lobby for Kacy to return, Kacy instructed them to continue saying she was out.

A month later, both the Beekman Hotel and W Hotel filed charges against Anna for theft of services.

PUZZLE NO. 25

King's Journey

5			9				41	
	7		47		57			
	1						59	38
			66				61	
	51	53	95		85	82	62	
14			94	97				
			93	99	100			34
		73	75	90	89			30
			72					
	19			24				

THE GERMAN HEIRESS

The next month, headlines read 'WANNABE SOCIALITE BUSTED FOR SKIPPING OUT ON PRICEY HOTEL BILLS'. Anna hired Tom Spodek to fight the misdemeanour charges. Still claiming to be a wealthy German heiress, she again asked to stay with Kacy – who declined, but did organise an intervention with Rachel to get answers.

It was during this meeting that Kacy told Anna that the building she'd spoken so much about obtaining for the Anna Delvey Foundation had already been rented to someone else.

PUZZLE NO. 26

Pathfinder

E	R	H	E	A	I	N	S	G	M
W	I	T	F	M	L	A	A	U	E
N	U	B	T	E	L	O	R	F	N
O	R	R	F	T	D	U	A	E	T
I	N	E	O	N	U	O	I	C	A
S	K	N	U	E	L	V	E	C	T
U	I	A	N	D	A	Y	N	R	I
L	L	B	E	N	T	I	O	A	O
B	T	P	H	O	T	I	N	L	N
E	D	E	K	A	F	D	E	R	C

Augmentation, Bank, Burner, Credit, Debt, Email, Fake, Foundation, Fraudulent, Illusion, Larceny, Loans, Phone, Theft, Voice, Wire

THE GERMAN HEIRESS

It turned out that skipping out on hotel bills was the least of Anna's offences. The tangled web of fraud began in November 2016, when Anna submitted documents claiming a net worth of €60 million to City National Bank for a $22 million loan. The following month, she submitted the same documents to Fortress Investment Group in an attempt to secure $25-35 million.

PUZZLE NO. 27

Rectangles

						6			3		
3						9					
	6				8						
	3				4						
				9	2		28				
		15									
					6						
				3			2		8		
	27									11	
								10			
			2						4	5	
			2	2							
				24							
	6			9	8						

THE GERMAN HEIRESS

When Fortress asked Anna for $100,000 to perform due diligence, Anna convinced City National to extend a $100,000 line of credit and wired this money back to Fortress.

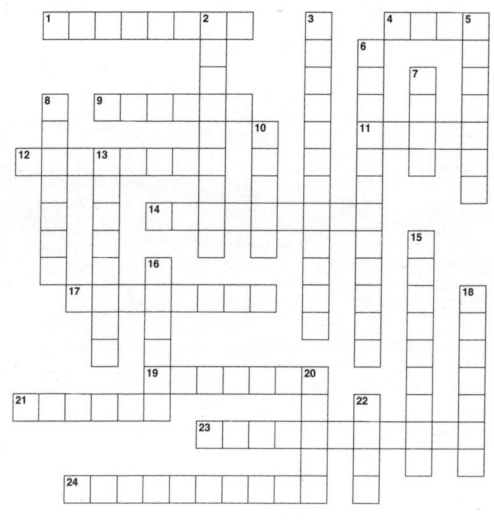

PUZZLE NO. 28

Crossword

Across

1 - Creative (8)
4 - Wealthy (4)
9 - Precious stones (6)
11 - Select group (5)
12 - Repute; standing (8)
14 - Restricted to a group or person (9)
17 - Who or what a person or thing is (8)
19 - People belonging to a group (7)
21 - Item of woman's clothing (6)
23 - Actress to play Anna in 'Inventing Anna' (5,6)
24 - Wealthy Socialite (10)

Down

2 - Have an effect on someone's character, development or actions (9)
3 - Vain (12)
5 - Legally entitled to property or rank of another person following their death (feminine) (7)
6 - Hard to fathom (12)
7 - Stylish (4)
8 - Item of clothing (7)
10 - The prevailing fashion (5)
13 - Spend wastefully (8)
15 - Coming up with something new (9)
16 - Money received (6)
18 - Big Apple (3,4)
20 - Pashmina (5)
22 - Not genuine (4)

THE GERMAN HEIRESS

Only when Fortress made the decision to send a representative to Switzerland to personally check her assets did Anna grow spooked, withdrawing herself from the process and wiring the remaining $55,000 to the Citibank account she liked to use for personal expenses, according to the New York District Attorney's office.

In April, Anna had deposited $160,000 in bad cheques into the same account and managed to withdraw $70,000 before they were returned.

PUZZLE NO. 29

Kriss Kross

4 letters
Dupe
Fake
Scam
Sham

5 letters
Quack

6 letters
Deceit
Hustle
Scheme

7 letters
Forgery
Perfidy

8 letters
Artifice
Trickery

9 letters
Charlatan
Deception
Imitation
Imposture
Pretender
Trickster

11 letters
Counterfeit

THE GERMAN HEIRESS

It was with this money that Anna had managed to pay 11 Howard. She convinced the company Blade to charter her the $35,000 jet to Omaha but they, too, never received payment. Bowery Hotel, Rachel Williams and City National all received forged wire-transfer receipts for payments which never came.

Even Peter W. Hennecke, Anna's supposed family advisor who sadly passed away, seems to have been a fictional character, his number belonging to a now-defunct burner phone.

PUZZLE NO. 30

Sudoku

5		7			3	6		
	3			7				
	1			4	5			
4					1	2		
				5				
		8	6					4
		6	9				7	
			3				8	
		2	8			9		3

THE GERMAN HEIRESS

In fact – according to *Rolling Stone* – prosecutor Catherine McCaw revealed in her closing arguments that Anna had actually been the one to create the email addresses for her second family advisor, Bettina Wagner. McCaw claimed Anna had Googled 'send untraceable fake emails' and 'non-existent email that is not going to bounce back', proving Bettina Wagner had never existed.

PUZZLE NO. 31

Bridges

THE GERMAN HEIRESS

Even with the misdemeanour charges pending, Anna deposited two more bad cheques and managed to obtain $8,200 which she used to take a trip to California.

PUZZLE NO. 32

Wordsearch

J	U	P	A	R	T	Y	G	O	E	R	J	H	G	O
W	P	S	X	E	T	I	L	A	I	C	O	S	N	O
C	P	I	C	B	E	L	A	V	I	S	H	A	I	T
A	E	A	E	Q	D	T	S	P	O	Q	T	L	E	K
F	R	R	M	C	O	H	A	F	H	I	S	H	T	I
A	C	H	R	S	O	I	I	R	L	T	V	A	I	E
S	L	D	T	L	I	C	H	O	T	W	L	V	L	Y
H	A	N	E	W	T	R	P	N	G	L	S	A	E	G
I	S	N	W	I	S	O	A	E	H	P	I	S	E	E
O	S	N	O	S	M	L	R	H	T	C	F	F	L	W
N	X	N	E	S	D	M	F	S	C	D	I	H	N	D
A	H	G	O	J	A	H	Y	Q	A	H	I	R	Y	I
B	H	C	Q	N	P	I	I	L	L	U	S	I	O	N
L	P	E	B	B	S	U	O	I	R	A	G	E	R	G
E	N	O	I	T	A	C	I	T	S	I	H	P	O	S

CHARISMA
COSMOPOLITAN
ELITE
FASHIONABLE
FICTION
GERMAN
GREGARIOUS
ILLUSION
INFILTRATE
LAVISH
OIL
PARTYGOER
RICH
SOCIALITE
SOPHISTICATION
UPPER-CLASS
WEALTH

THE GERMAN HEIRESS

Anna was arrested outside Passages, a luxury rehab centre for addiction in Malibu, and was brought back to New York to face six counts of grand larceny and attempted grand larceny, in addition to theft of services according to the indictment.

Her court room outfits and Instagram account (@annadelveycourtlooks) became an internet sensation and prompted Anna to gain immense popularity for the publicised scam during her trial.

PUZZLE NO. 33

King's Journey

20					31	62	58		
19	22	25							
				65	100				54
	27			98				80	
						95	84	79	
	36			91	93			78	
						86		76	
10	13		70		73			49	48
		39				42			46
	7			4	3		1		

THE GERMAN HEIRESS

After her trial, Anna, (who was, in fact, born in Russia – not Germany) was sentenced to four to twelve years in prison. She grew up in a town outside of Moscow before moving with her family, at 16, to Germany. Her real name is Anna Sorokin.

Her father worked as a truck driver, then later as an executive at a transport company before opening his own heating and cooling business. Regardless, one thing was clear – Anna certainly did not have a trust fund worth $60 million waiting for her.

PUZZLE NO. 34

Pathfinder

N	A	E	V	N	I	D	E	N	W
N	B	N	T	C	O	T	I	S	O
E	R	N	I	L	R	C	O	I	D
D	E	G	E	L	R	E	N	A	L
A	G	D	C	D	E	N	I	A	T
R	N	A	N	I	K	R	O	W	E
R	A	L	G	R	A	T	I	O	D
E	I	R	P	G	I	I	R	N	K
S	R	I	N	G	M	M	E	T	C
T	T	S	O	R	I	F	T	R	U

Arrest, Banned, Cell, Correctional, Danger, Detained, Disowned, Grifter, Immigration, Inventing, Prison, Trial, Truck, Working

THE GERMAN HEIRESS

In February 2021, after serving nearly four years, Anna was released on parole. Six weeks later, she was taken into custody by U.S. Immigration and Customs Enforcement for overstaying her visa and has been waging a legal battle to remain in New York ever since, gaining an ankle monitor in the process. Since Anna's story first broke, it has been the feature of several adaptations, including a book by Rachel Williams, a limited series by Netflix, an article by Jessica Pressler and a feature on HBO.

PUZZLE NO. 35

Rectangles

3			2				10					
		7					8					
	30											
						30						3
		5	9									
											4	
				5								3
16								3				
		3				3	8					6
				4	9						5	
3						2				18		
12								5			2	
						3						4

THE GERMAN HEIRESS

Anna Sorokin was reportedly paid $320,000 by Netflix and, while under house arrest, launched her podcast *The Anna Delvey Show*, created an art exhibit with all original pieces (reportedly making her $340,000 by December 2022) and has even been rumoured to have signed a deal for an unscripted series called *Delvey's Dinner Club*. In 2024, it was announced she would appear on the U.S. series *Dancing with the Stars* (wearing the ankle monitor).

PUZZLE NO. 36

King's Journey

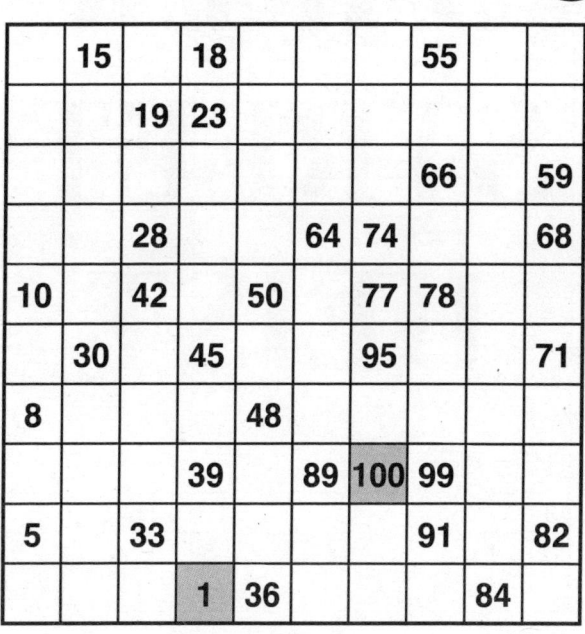

	15		18				55		
		19	23						
							66		59
		28			64	74			68
10		42		50		77	78		
	30		45			95			71
8				48					
			39		89	100	99		
5		33					91		82
			1	36				84	

THE BAKER STREET HEIST

During the early 1970s, Britain was facing significant financial hardship. Unemployment was on the rise, economic growth was on the downturn and a great percentage of the population found themselves struggling. So, one man decided to take matters into his own hands.

At the time, Anthony (Tony) Gavin – a former British Army Royal Fusiliers soldier – was working as a photographer in North London. Now alleged to be the mastermind behind what has become an infamous plot, Gavin was supposedly inspired by *The Red-Headed League* – a Sherlock Holmes short story by Sir Arthur Conan Doyle. In the story, criminals dig their way into the vault of a bank and, using this tale as his inspiration, Gavin recruited a group of accomplices in the hopes of replicating fiction and tunnelling into a bank's vault.

Gavin began to plan the scheme. The entire process – from researching the bank, mapping the exact details of the layout and planning the route they would take – took months. Preparation was difficult and the tools the gang needed were hard to come by. Amazingly, however, a series of coincidences aligned for the gang. With a branch of Lloyds Bank on Baker Street their target (ironically, the street where many of the Sherlock Holmes stories took place) it was pure chance that a disused leather goods shop, just two doors down, became available to rent. This is where the gang began to plan their route.

To this day, the only known members of the gang include Gavin, his friend Reginald Tucker, Thomas Stephens, Mickey (Skinny) Gervaise and Bobby Mills. While police believe that others were involved in the plot, no other identities have ever been revealed.

The case has been a source of fascination for many, with some even going so far as to contemplate potential conspiracy theories behind the plot, as compromising photographs of Princess Margaret were reportedly said to have been among the stolen loot. Files on the heist would be needed to confirm or deny the rumours but, unusually, all case files have been put under government embargo until 2071.

THE BAKER STREET HEIST

In December 1970, Reginald Tucker posed as a member of well-to-do British society. Using the Lloyds Bank on Baker Street, Tucker opened a bank account under a false name and deposited £500.

PUZZLE NO. 37

Kriss Kross

4 letters
Bank
Dust
Plot

5 letters
Heist
Money
Movie
Radio
Watch

6 letters
Debris
Tunnel

7 letters
England
Leather
Look-out

8 letters
Intrigue
Millions
Property

9 letters
Detective
Explosion

11 letters
Underground

14 letters
Communications

THE BAKER STREET HEIST

A few months later, Tucker paid another visit to the branch to rent a safety deposit box.

PUZZLE NO. 38

Sudoku

			3	6				
1							8	
	4	9			2		5	7
					4		6	
		6		9		4		
	7		6					
2	3		4			1	7	
	9							2
				8	6			

THE BAKER STREET HEIST

Using the umbrella he carried, Tucker was able to measure the vault and map out the exact details of the room, including the location of the cabinets and furniture. This was all done so that Anthony Gavin and his co-conspirators (of which Tucker was just one) might somehow tunnel into the bank's vault.

The information Tucker provided would turn out to be vital to the heist.

PUZZLE NO. 39

Bridges

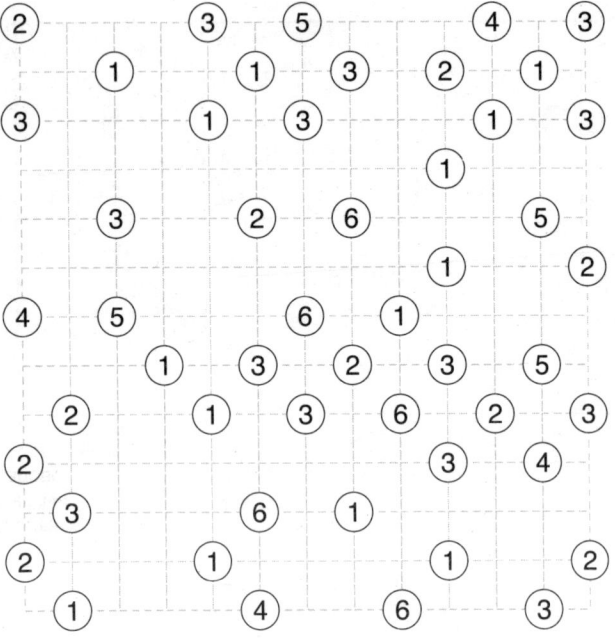

THE BAKER STREET HEIST

While Tucker mapped out the bank, fellow accomplice Thomas Stephens gathered the tools the gang would need. The tools were hard to acquire and included a thermic lance, a 100-ton jack, explosives and more.

Gavin also called in an alarms expert, Mickey Gervaise, in addition to two tunnelling experts, engineer Brian Reader and a miner referred to as 'Little Legs', who was never identified.

PUZZLE NO. 40

Wordsearch

S	E	V	I	S	O	L	P	X	E	V	W	S	S	L
K	Q	E	X	P	E	R	T	G	L	U	T	C	A	W
S	U	C	U	T	T	E	R	S	S	E	I	F	I	M
E	U	Q	R	O	T	Y	Z	S	K	N	W	A	R	L
K	D	S	T	V	X	D	T	C	O	K	A	W	A	C
P	S	H	P	H	U	H	O	R	J	Y	L	M	T	I
M	R	C	Z	E	G	S	T	N	A	K	K	M	C	M
A	E	R	H	I	N	C	G	M	C	C	I	T	H	R
L	I	R	L	I	E	S	U	X	K	A	E	Y	E	E
D	L	N	X	L	S	J	I	D	G	R	T	T	T	H
A	P	G	E	Q	K	E	N	O	D	E	A	O	S	T
E	L	A	N	C	E	S	L	P	N	E	L	R	P	Y
H	J	H	A	M	M	E	R	S	S	R	K	C	S	E
W	W	R	E	N	C	H	E	S	P	X	I	H	V	P
C	W	S	C	R	E	W	D	R	I	V	E	R	H	E

CAREER
CHISELS
CUTTERS
ELECTRONICS
EXPERT
EXPLOSIVES
HAMMERS
HEADLAMP
JACK
LANCE
LIGHTS
PLIERS
RATCHETS
SCREWDRIVER
SOCKETS
SUSPENSION
THERMIC
TORCH
TORQUE
WALKIE-TALKIE
WRENCHES

THE BAKER STREET HEIST

Gavin and co. knew that they needed a starting point for their break in. That's when the leather goods shop called Le Sac coincidentally closed.

PUZZLE NO. 41

Word Wheel

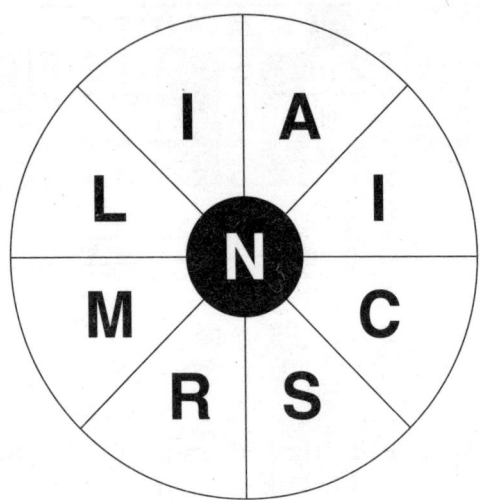

See how many words you can make out of the wheel!
(You must use 'N' in each word.)

CAN YOU GET THE 9-LETTER WORD?

THE BAKER STREET HEIST

In May 1971, the closing business agreed to sell the lease for £10k to 64-year-old Benjamin Wolfe, an associate of Gavin's.

The property even came with a basement that the gang believed aligned with the level of the bank's vault – a mere 40 feet beneath the surface.

PUZZLE NO. 42

A–Z Puzzle

THE BAKER STREET HEIST

The final thing the gang had to contend with was the bank's trembler alarms. However, in the late summer of 1971, roadworks in the area had caused the alarms to frequently sound falsely.

PUZZLE NO. 43

King's Journey

	7	4	3			36			
9				1	34			72	71
11						67			
	15					77		80	
	19		41				84		
			55	64					82
	29		52	56		100	97	89	
	28					98			
23				50				94	
			46			59		93	

THE BAKER STREET HEIST

When the false alarms continued to go off, the gang was tipped off to set their plan in motion.

PUZZLE NO. 44

Pathfinder

N	I	V	A	G	T	E	K	C	O
F	L	P	H	I	L	A	C	K	P
E	U	R	T	E	F	W	I	P	S
L	C	I	T	I	M	B	R	O	N
O	T	L	A	N	I	R	E	I	T
N	A	U	L	B	T	C	A	L	I
A	L	A	R	U	I	I	U	K	O	M
R	T	V	G	L	C	R	E	D	E
M	I	C	I	A	E	R	R	L	A
S	I	L	L	R	I	L	L	E	G

Alarms, Burglar, Criminal, Culprit, Demolitions, Felon, Gavin, Illegal, Illicit, Lawbreaker, Pickpocket, Recruit, Thief, Vault

THE BAKER STREET HEIST

They believed they would be able to remain unheard by only digging on the weekends, their goal to create a structurally secure tunnel leading directly beneath the bank's vault.

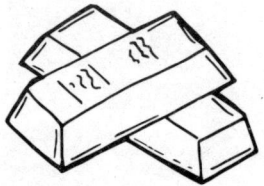

PUZZLE NO. 45

Rectangles

	10					4	3				12	3
		4				4	3					
			16				5					
					3					3		
						3						3
2												
	8		12		2					30		8
								18				
							3					
											11	
			4	10		6						
			14									
9		2										
			5		6							3

THE BAKER STREET HEIST

They began to dig, making their way from Le Sac's basement underground.

PUZZLE NO. 46

Kakuro

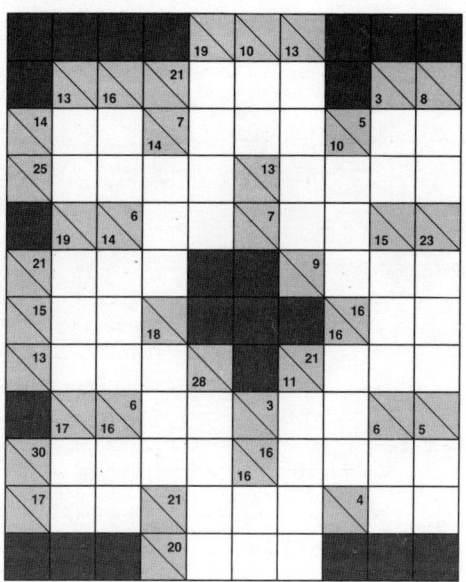

THE BAKER STREET HEIST

They began their assault on the vault late on Friday 10th September 1971, with accomplice Bobby Mills positioned on a nearby roof overlooking the bank.

PUZZLE NO. 47

Kriss Kross

3 letters
Row

5 letters
Abbey
Baker
Brick
Cloak

6 letters
Camden
Cannon
Jermyn
Regent
Savile

7 letters
Carnaby
Downing
Leather
Mincing
Pudding

8 letters
Columbia

9 letters
Trafalgar

10 letters
Piccadilly
Portobello

11 letters
Shaftesbury

THE BAKER STREET HEIST

As look-out, Mills communicated everything he saw to the gang via walkie-talkie and, with the bank shut for the weekend, the group had until Monday to grab as much loot as they could.

PUZZLE NO. 48

Sudoku

			3				5	7
3	8						2	
		6	7					
				8		1	7	
	6							9
	3	4		2				
					3	8		
	7						6	4
6	1			5				

THE BAKER STREET HEIST

The others got to work with the 100-ton jack and attempted to punch a hole through the bank's cement floors.

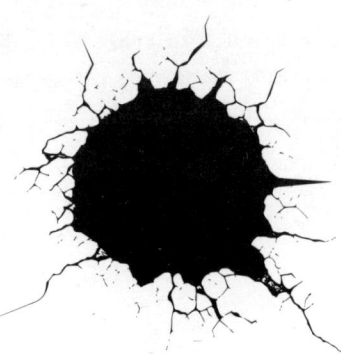

PUZZLE NO. 49

Bridges

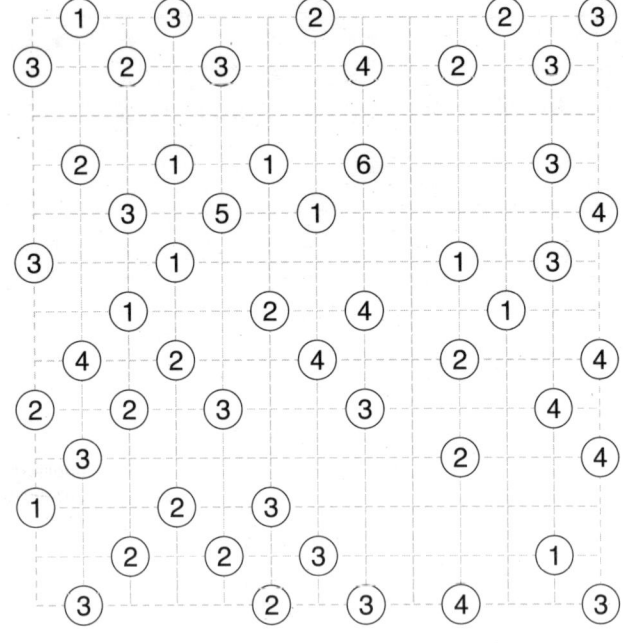

THE BAKER STREET HEIST

When this failed, they turned to the thermic lance and – when this also failed – finally went with explosives.

By coordinating the sound of the explosion with the traffic outside, the gang managed to remain undetected as they finally gained access to the vault.

PUZZLE NO. 50

Wordsearch

```
C E M E H C S S E C N E L I S
C E V I T R U F S F A L N X G
L X U B E N I T S E D N A L C
E J S N R S E C R E T L U M R
V G Y J T A Y Z Y T F A R C C
E M A L L R L K C O V E R T G
R Q K T I W U I C Q B C G Q N
I W H R J W K S D I W A T V I
C O N S P I R A T O R I A L V
K T E I U Q C W Z W K T S V I
X D N A H R E D N U O A L W N
M D E V I O U S I Q O R Y N N
W E M O R L U F E R A C T W O
B O G U I L E F U L O W N H C
Z E V T D L U F T I E C E D Y
```

CAREFUL
CLANDESTINE
CLEVER
CONNIVING
CONSPIRATORIAL
COVERT
CRAFTY
DECEITFUL
DEVIOUS
FURTIVE
GUILEFUL
QUIET
SCHEME
SECRET
SILENCE
SLY
STEALTH
TRICKY
UNDERHAND
UNTRUSTWORTHY
WILY

THE BAKER STREET HEIST

The explosives the gang used to gain entry also kicked up dust and debris inside the tunnel, making it difficult for them to see or hear each other. Because of this, they were using the walkie-talkies to communicate.

PUZZLE NO. 51

A–Z Puzzle

A B C D E F G H I J K L M N O P Q R S T U V W X Y Z

THE BAKER STREET HEIST

Unknown to Gavin's group, amateur radio enthusiast Robert Rowlands was in the area and happened to tune in to their conversation via walkie-talkies the exact moment they entered the vault. Rowland could hardly believe what he was hearing.

PUZZLE NO. 52

King's Journey

	25		23			15	11		
		30						12	
	46								
	48	52		39		34	19	6	
					40			3	4
			56		42		1	98	100
	60	70		73					97
					83	85			91
	65				80	86			
63				76					

THE BAKER STREET HEIST

Waiting for the dust to settle – literally – the gang decided to leave and return in a few hours to retrieve the stolen goods.

PUZZLE NO. 53

Pathfinder

S	G	T	T	I	W	A	L	C	E
C	N	I	I	N	E	L	V	I	V
O	O	P	P	G	D	Q	G	N	L
I	R	D	I	N	G	U	A	D	E
L	D	R	G	G	N	I	R	G	N
L	W	E	D	M	O	R	R	D	I
I	O	L	N	I	B	E	Y	A	P
N	O	L	I	C	T	V	I	N	S
G	H	G	N	E	I	I	D	G	L
P	R	O	S	P	N	G	N	U	L

Boring, Clawing, Delve, Delving, Dive, Dredging, Drilling, Hollow, Mining, Null, Pitting, Prospecting, Quarrying, Scoop, Spading

THE BAKER STREET HEIST

After hearing their plans, Rowland called his local police station at around 11:30 pm on Saturday 11th September.

PUZZLE NO. 54

Rectangles

10									6		
	2									3	
	2	2							2		3
					2						
		18	10						16		
						30					
							3				
			2	2	7						9
8			3								
				2				6			
		6		2						3	2
	2		24								
8											
	2					13					
		15									

THE BAKER STREET HEIST

Even though Rowland was able to describe what he'd been hearing in detail, the police brushed him off – suggesting he could perhaps record what he hears.

PUZZLE NO. 55

Kriss Kross

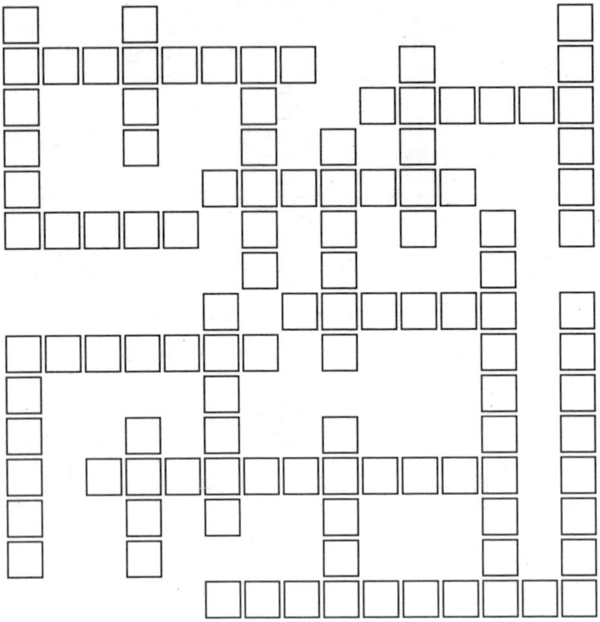

4 letters
Call
City

5 letters
Radio
Spurn
Tapes

6 letters
Caught
Claims
Dodged
Inform
London
Notice
Police
Rebuff

7 letters
Ignored
Rowland

8 letters
Findings
Lay aside

10 letters
Overridden
Recordings

11 letters
Disregarded

THE BAKER STREET HEIST

Rowland did exactly that. At 2 am, he rang Scotland Yard to play them his tapes.

PUZZLE NO. 56

Sudoku

			6					
	9				4	5		
3			9			6	4	
6	7					2		
4								5
		1					7	4
	5	9			8			2
		2	5				3	
					1			

THE BAKER STREET HEIST

Scotland Yard took the call seriously and contacted all the banks in the surrounding area, requesting that they open their branches for inspection.

PUZZLE NO. 57

Bridges

THE BAKER STREET HEIST

Unbelievably, by mid-afternoon Sunday 12th September, police stood outside Lloyds Bank on Baker Street and, seeing it undisturbed, moved on to inspect the next bank.

PUZZLE NO. 58

Wordsearch

Z	T	I	N	E	Z	E	E	R	F	N	D	Y	T	T
T	J	A	E	Z	A	Z	B	U	A	I	E	E	A	W
D	U	R	G	V	S	T	V	D	N	D	G	Q	G	S
I	S	C	L	N	P	R	I	A	I	T	D	U	K	T
S	S	L	E	R	X	S	T	M	O	R	E	O	U	K
R	A	V	C	K	M	T	N	P	O	Q	L	T	N	O
E	P	C	T	I	E	R	H	R	B	A	W	E	O	O
G	Y	P	S	N	U	Q	N	H	M	U	O	V	B	L
A	B	S	T	P	E	R	O	N	G	I	N	E	S	R
R	R	I	S	E	D	P	U	G	O	X	K	S	E	E
D	O	W	M	S	P	I	K	S	T	G	C	P	R	V
N	T	N	U	O	C	S	I	D	E	T	A	J	V	O
D	R	O	B	L	I	V	I	O	U	S	N	Z	E	R
L	T	F	E	D	U	L	C	X	E	B	U	J	D	J
I	P	P	I	N	D	I	F	F	E	R	E	N	C	E

BYPASS
CUT
DISCOUNT
DISMISS
DISREGARD
EXCLUDE
FREEZE
IGNORE
INATTENTION
INDIFFERENCE
NEGLECT
OBLIVIOUS
OMIT
OVERLOOK
SKIP
SNUB
SPURN
UNACKNOWLEDGED
UNOBSERVED
VETO

THE BAKER STREET HEIST

Approximately 30 hours after breaking into the vault, Gavin and the rest of his group managed to make away with both money and property. Of the many safety deposit boxes in the vault, the gang managed to open around 268, taking the contents valued somewhere in the region of £4 million (valued in 1971).

PUZZLE NO. 59

Kakuro

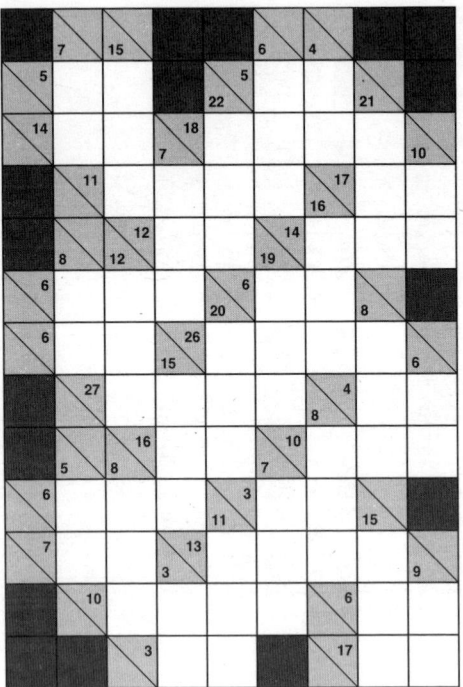

THE BAKER STREET HEIST

First thing on Monday morning, employees at Lloyds Bank discovered that the vault had been breached and reported it to the police.

Scotland Yard immediately put 120 detectives on the case.

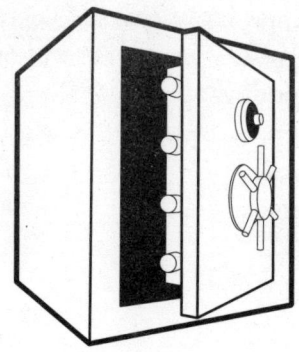

PUZZLE NO. 60

A–Z Puzzle

A B C D E F G H I J K L M N O P Q R S T U V W X Y Z

THE BAKER STREET HEIST

Their investigation quickly led detectives to Benjamin Wolfe, whose name was on the lease for Le Sac leather goods shop.

PUZZLE NO. 61

King's Journey

							46	39	
64					51	49		40	
	68	71		59					
		73			56		42	35	
	77					33			25
					30			23	
84		100	81			1			20
	99		97		4	2		18	
	90	96		94		10			15
88			92		8		11		14

THE BAKER STREET HEIST

When the police did turn up at the bank on Monday morning following the raid, they were reportedly met by a taunting message which read, 'Let's see how Sherlock Holmes solves this one'.

PUZZLE NO. 62

Pathfinder

A	N	G	I	L	A	V	I	T	C
N	L	E	M	E	M	E	E	D	E
T	E	A	T	N	E	E	Y	E	T
I	Y	R	R	I	T	R	E	A	T
N	N	I	P	V	A	M	K	L	S
T	G	T	O	L	U	U	R	E	R
R	O	C	N	E	P	H	P	E	D
O	T	I	I	N	O	Y	R	O	V
S	C	V	E	C	I	O	E	N	A
P	E	E	D	U	B	U	S	D	E

Deerstalker, Detective, Dubious, Elementary, Endeavor, Incognito, Introspective, Malignant, Murphy, Opulence, Private Eye

THE BAKER STREET HEIST

Wolfe denied all knowledge of the crime and was released after questioning. He was, however, placed under police surveillance.

PUZZLE NO. 63

Rectangles

7											6	
			3					4		12		
				12								
			2		3							
	21					4						
			2			4			8	11		
		3									8	
											2	
4	12											
			21			6						
								22				
						2						
2							5	15		2		
		3	2		2					3		12

THE BAKER STREET HEIST

This, coupled with the details that various informers had offered up, soon gave the police a list of key suspects.

PUZZLE NO. 64

Word Ladder

THE BAKER STREET HEIST

A little over a month later, Gavin, Tucker, Stephens and Wolfe were all arrested.

PUZZLE NO. 65

Kriss Kross

3 letters
Hem
Nab

4 letters
Bust
Grab
Halt
Lock

5 letters
Fence
Seize

6 letters
Detain
Tattle

7 letters
Capture
Custody
Inquire

8 letters
Arrested
Confined
Imprison
Informer
Question

9 letters
Sequester

10 letters
Commandeer

13 letters
Uncomfortable

THE BAKER STREET HEIST

In early 1973, all except Wolfe were sentenced to 12 years for the crime, with Wolfe sentenced to 8.

Gervaise, who was hired to help the group avoid the sensor alarms, managed to avoid arrest. Other unnamed accomplices disappeared.

PUZZLE NO. 66

Sudoku

1			2			8		
					8			4
	5			6				2
				9	1		6	
		8		5		7		
	9		7	8				
3				4			7	
9			5					
		1			9			3

THE BAKER STREET HEIST

Of the estimated amount stolen, police were only able to recover around £200,000 of the loot.

PUZZLE NO. 67

Bridges

THE BAKER STREET HEIST

Many details surrounding the case have intrigued the public for years. The fact it was supposedly a Sherlock Holmes inspired case – on the very street where the fictional detective lived – turned out to be just the first point of interest.

PUZZLE NO. 68

Wordsearch

U	D	S	Y	E	S	R	O	Y	A	L	T	Y	Y	C
A	S	E	Y	T	M	T	F	W	M	M	S	N	C	D
C	C	S	S	R	I	B	O	X	O	X	E	O	A	U
L	O	Y	W	I	E	R	A	E	B	E	I	I	R	P
A	M	N	T	S	M	G	U	R	U	L	R	S	I	L
N	G	D	S	H	R	O	G	C	G	D	O	U	P	I
I	A	I	O	P	B	L	R	U	E	O	E	L	S	C
M	N	C	S	A	I	Z	N	P	D	S	H	L	N	I
I	G	A	E	R	B	C	C	W	M	L	T	O	O	T
R	S	T	U	G	O	E	U	A	H	O	L	C	C	I
C	T	E	G	O	U	A	A	O	B	I	C	U	F	E
B	E	S	A	T	B	F	M	C	U	A	D	X	K	S
L	R	O	E	O	A	C	W	F	H	S	L	D	L	S
Y	K	D	L	H	E	U	G	I	R	T	N	I	E	B
W	A	R	B	P	W	V	J	V	E	C	G	V	C	N

BEACH
CABAL
COLLUSION
COMPROMISED
CONSPICUOUS
CONSPIRACY
CRIMINAL
DUPLICITIES
EMBARGO
GANGSTER
HIDDEN
INTRIGUE
LEAGUES
MOB
PHOTOGRAPHS
ROYALTY
SECURITY
SKULLDUGGERY
SYNDICATE
THEORIES

THE BAKER STREET HEIST

Rowlands – who called the police after what he'd heard on his radio – was considered by Scotland Yard for prosecution under the Wireless Telegraphy Act 1967, for listening to unlicensed transmissions. Ultimately, no charges were laid against him but his involvement has helped curate the intrigue of the case and helped dub it the 'walkie-talkie' robbery.

PUZZLE NO. 69

King's Journey

	31		38		41	46			
	32		39				53		
	33					56		60	51
	27		91				64		
	26								
		7		9	11			82	
		6		1		87			67
96		21		3		78	79		
	97	20		14	75	76			
98	100	19	17					71	

THE BAKER STREET HEIST

Lloyds Bank sent Rowlands a cheque for £2,500 to thank him for his actions shortly after the case. Rowland's role in what happened made him the highest-paid news interviewee of the era.

PUZZLE NO. 70

Pathfinder

Y	B	E	V	I	T	A	R	C	U
T	O	L	I	O	I	O	U	S	L
N	U	L	L	N	P	O	C	E	T
E	M	I	O	S	A	F	U	N	A
L	M	T	O	U	S	F	T	R	O
B	E	P	E	R	A	L	U	E	F
A	A	R	P	R	E	E	C	N	A
U	N	O	Y	I	R	T	P	L	R
L	S	P	T	Z	E	A	H	E	O
A	V	E	R	E	W	L	T	T	H

Affluence, Bounty, Copious, Fortunate, Loot, Lucrative, Means, Millions, Plethora, Prize, Property, Treasure, Valuable, Wealth

THE BAKER STREET HEIST

Following the case, much of the information was placed under government embargo at The National Archives and is not due to be released until January 2071, causing further speculation.

PUZZLE NO. 71

Kakuro

THE BAKER STREET HEIST

Since then, theories have spiralled as to what the gang found in the safety deposit boxes that might have caused the embargo.

PUZZLE NO. 72

Kriss Kross

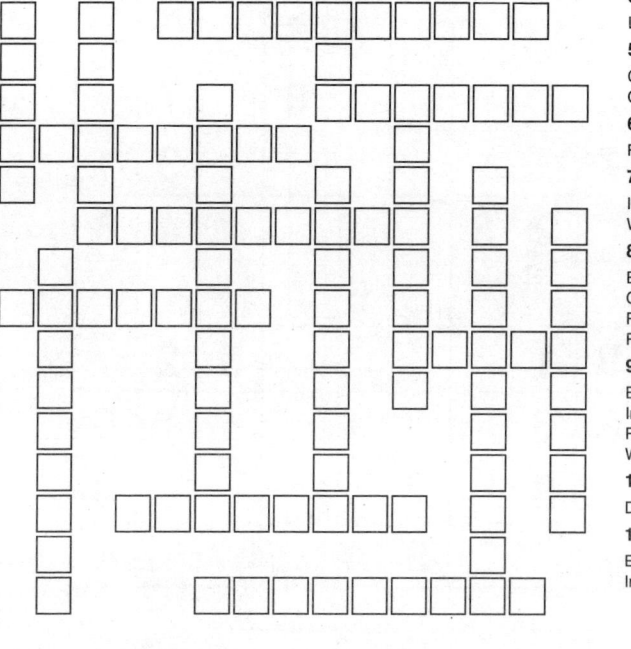

3 letters
Law
5 letters
Crime
Order
6 letters
Police
7 letters
Inquiry
Warrant
8 letters
Evidence
Offender
Premises
Research
9 letters
Expertise
Interview
Restraint
Witnesses
10 letters
Disclosure
11 letters
Examination
Interrogate

THE BAKER STREET HEIST

Some theories suggest that inside the vault were compromising photographs of Princess Margaret with crook and actor John Bindon.

These rumours continued to circulate and eventually went on to inspire the 2008 film with Jason Statham, *The Bank Job*.

PUZZLE NO. 73

Sudoku

				7	3			
2					8		7	
7							3	1
	2	3					4	6
				6				
8	1					5	2	
3	6							9
	8		2					4
			5	4				

THE BAKER STREET HEIST

With many years to go until the information is allowed to be revealed, it's likely that the heist will remain a point of intrigue for some time.

PUZZLE NO. 74

Rectangles

		3	2		10									
					2		8							
					9									
7														4
													6	3
	7	24												
			3				3	2		10		2	2	
													3	
2			18							16				4
2						21			3					
4														
			5			2					8			
					26									
													2	2

THE KING OF COCAINE

Pablo Emilio Escobar Gaviria was born on the 1st December 1949 in Rionegro. From humble beginnings, he quickly showed ambition far greater than his six siblings and begun what would become a life of crime when he was still just a teenager.

From his early prominence in the 'Marlboro Wars', Escobar rose through the ranks and eventually founded the first major drug cartel in Colombia; the Medellín cartel. Later, with Escobar at its head, the cartel dominated the cocaine trade and was known for its ruthlessness. As drug kingpin, Escobar is said to have been responsible for the deaths of some 4,000 people.

However, despite Escobar's reputation, many in Medellin still refer to him as *Pablito* (Little Pablo) and other notable nicknames for the King of Cocaine include 'Robin Hood'. By the mid-1980s, Escobar was reportedly worth an estimated $25 billion, making it onto the *Forbes* Billionaires list 7 years in a row from 1987 to 1993. And, while he lived a lavish lifestyle, he's also famed for having invested large sums of his fortune into charitable work; including the construction of schools, football fields and housing developments for the less fortunate. His philanthropic pursuits even helped him to win an election to an alternate state seat in Colombia's Congress in 1982.

Though Escobar was arrested and imprisoned, he famously built his own prison and filled it with luxuries. However, when authorities tried to move him to another facility, he slipped away through an escape route that he had built into the facility during construction. Escobar spent years on the run.

Contrasting perceptions of Escobar's character have conflicted the public for years. For the atrocities attributed to him, many think of him as evil. However, many continue to admire the narco-terrorist for the aid he provided to Colombia. When Escobar died, more than 25,000 people attended his funeral and mourners are reported to have chanted 'long live Pablo' as he was laid to rest at the hilltop cemetery.

THE KING OF COCAINE

Escobar's early criminal activities are said to have begun when he was still just a teenager, when he sold falsified diplomas, smuggled stereo equipment and stole tombstones for resale.

He dropped out of school for good in 1968 and, having forged a high school diploma, briefly studied at college before once more dropping out due to financial constraints.

PUZZLE NO. 75

Kriss Kross

5 letters
Plata
Plomo
Power

6 letters
Cartel
Market
Murder
Rivals

7 letters
Cocaine
Escobar
Forgery
Illicit

8 letters
Altruism
Colombia
Criminal
Kilogram
Politics

9 letters
Community

11 letters
Billionaire

THE KING OF COCAINE

His first arrest came in 1974 after he was caught stealing cars. He served several months for this offence in his mid-twenties.

Also around this time, he was reported to have played a high-profile role in the 'Marlboro Wars' – a seemingly violent set of scrimmages over the control of Colombia's illicit cigarette smuggling market.

PUZZLE NO. 76

Sudoku

			4			1		5
6	2					7	3	
9			5					2
			6					
3				7				1
					1			
1					5			7
	3	4					2	9
7		9			8			

THE KING OF COCAINE

By the 1970s, Colombia was a key location for marijuana smuggling and, during this time, Escobar worked as a small-time marijuana dealer. It was around then that Escobar is famously said to have kidnapped businessman Diego Echavarria, who was largely disliked by many of the poorer workers in Medellín.

Escobar later killed Echavarria in 1971, despite having already received the $50,000 ransom.

PUZZLE NO. 77

Bridges

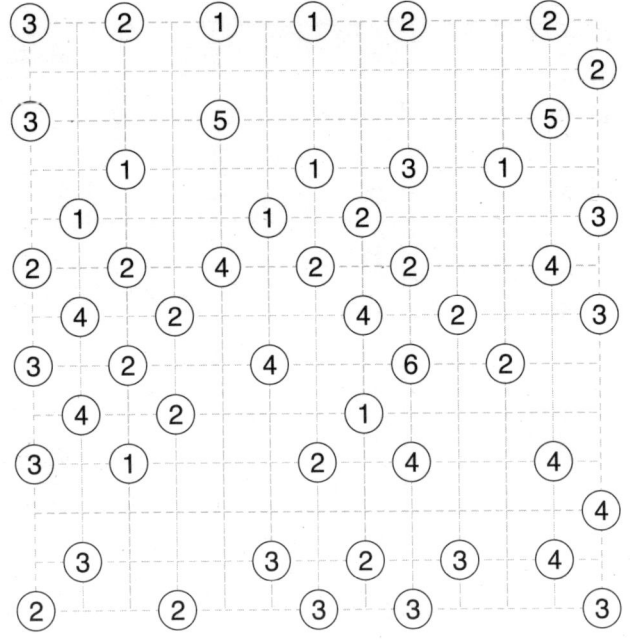

THE KING OF COCAINE

These conflicts introduced him to the violence and risk which would follow him for the rest of his life and would later help bring him success in ruling Colombia's cocaine trade.

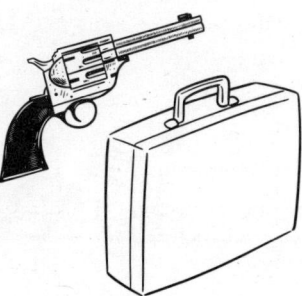

PUZZLE NO. 78

Wordsearch

V	G	A	H	Y	C	T	R	E	A	G	S	S	N	M
H	T	A	E	D	V	S	R	K	V	C	E	T	Z	U
H	D	N	K	X	J	I	C	Y	R	S	C	A	Q	S
Z	O	N	X	W	F	U	J	I	N	U	N	K	L	X
M	O	F	I	N	X	E	M	T	G	S	E	E	A	S
S	H	X	U	U	D	M	A	C	B	M	L	S	B	S
C	I	G	P	A	A	G	R	I	Y	E	O	V	R	E
U	L	N	R	G	B	L	I	L	R	L	I	P	U	N
F	E	T	E	Z	A	U	J	F	I	E	V	R	T	D
F	V	S	O	K	T	N	U	N	Q	E	W	E	A	L
L	I	D	O	W	T	D	A	O	H	A	H	G	L	I
E	L	C	R	B	L	P	N	C	R	A	H	N	I	W
S	Y	A	R	F	E	X	A	V	G	S	D	A	T	O
O	L	C	I	G	A	R	E	T	T	E	C	D	Y	D
J	V	M	A	R	K	E	T	Y	R	U	F	S	L	I

BATTLE
BRUTALITY
CIGARETTE
CONFLICT
DANGER
DEATH
FRAY
FURY
GUNFIRE
LIVELIHOOD
MARIJUANA
MARKET
MELEE
SCRIMMAGES
SCUFFLES
STAKES
TRADE
VIOLENCE
WAR
WILDNESS

THE KING OF COCAINE

PUZZLE NO. 79

Word Wheel

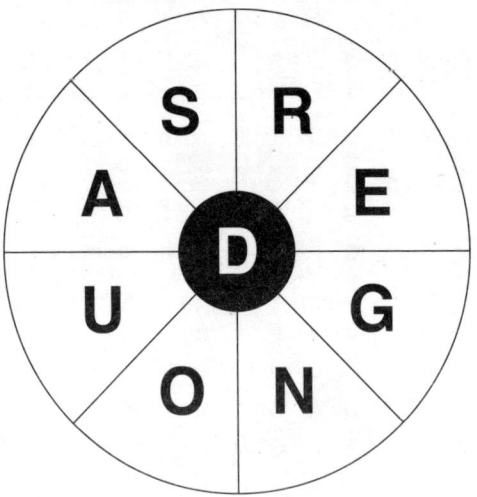

See how many words you can make out of the wheel!
(You must use 'D' in each word.)
CAN YOU GET THE 9-LETTER WORD?

THE KING OF COCAINE

In the mid-1970s, Escobar helped found a small crime organisation, which would later form the infamous Medellín cartel.

PUZZLE NO. 80

A–Z Puzzle

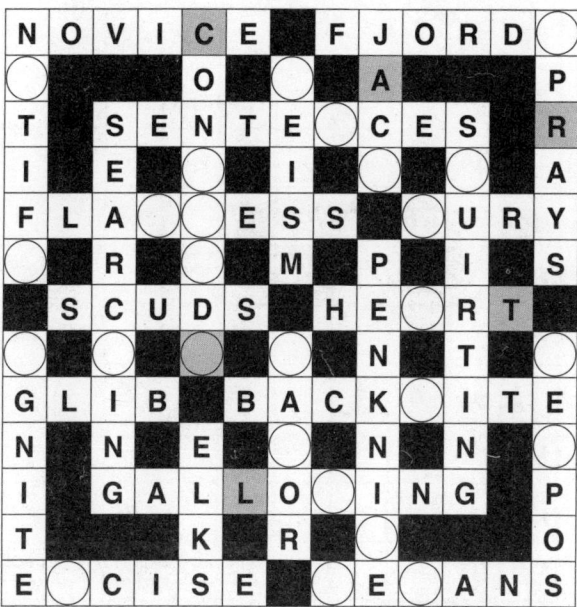

THE KING OF COCAINE

Escobar had already been involved in organised crime for around a decade when he made a bid to take control of the cocaine trade.

In 1975, the drug trafficker Fabio Restrepo – from Medellin, Colombia – was murdered.

PUZZLE NO. 81

King's Journey

80	79					67	64		
82				71	69	66		62	
	84	77				57			
86		76			49		47		
88		53				46		41	40
89					20	23		38	
	91	4	1				36		34
93			3					32	
100							26		
99	97			9	12		15		28

THE KING OF COCAINE

Though it has never been proven, it is largely assumed that his death came at Escobar's orders, as Escobar immediately seized power of Restrepo's operation.

PUZZLE NO. 82

Pathfinder

C	K	P	S	I	R	I	O	A	L
A	T	O	R	C	A	M	I	R	L
A	T	W	E	A	N	I	G	C	E
S	R	T	I	L	A	M	N	I	G
D	E	Y	L	I	D	N	I	A	N
N	O	N	A	T	Y	I	T	E	C
E	T	O	T	U	R	O	A	M	U
F	I	R	I	N	B	N	N	D	R
F	O	U	S	E	X	C	I	E	R
O	E	L	B	A	S	U	M	O	**D**

Allegiance, Attack, Brutality, Criminality, Damning, Domination, Inexcusable, Murder, Notorious, Offenders, Power, Sicario

THE KING OF COCAINE

With Escobar as the head of the organisation, the Medellín cartel largely focused on the production, transportation and sale of cocaine.

His smugglers used ingenious methods and established the first smuggling routes in operations which reportedly used all manner of transportation, including small aircraft landings in remote fields.

PUZZLE NO. 83

Rectangles

5					4				6				
	11									4			
2						9			2				
2		2		9							4		
2													26
2													
						6	3					5	3
								2	4				
18										4			
30						30							
					2				2				3
					4		9					5	
										2	3		

THE KING OF COCAINE

Other noteworthy members of the Medellin cartel, who helped Escobar to form the crime organisation, include the Ochoa Vásquez brothers – Juan David, Jorge Luis and Fabio.

PUZZLE NO. 84

Kakuro

THE KING OF COCAINE

Also around this time, Escobar married Maria Victoria Henao. He was 26-years-old at the time and she, at only 15-years-old, was so young that Escobar had to obtain a special dispensation from the bishop before marrying her.

They had two children together and remained married until Escobar's death.

PUZZLE NO. 85

Kriss Kross

5 letters
Maria
Raids
Young

6 letters
Asylum
Gossip
Humble
Modest

7 letters
Affairs
Attacks
Charmed
Familia
Hideout
Loyalty
Manuela

8 letters
Marriage

9 letters
Argentina

10 letters
Mistresses

11 letters
Disapproval

THE KING OF COCAINE

Escobar's meteoric rise in notoriety swiftly caught the attention of the Colombian Security Service, which led to his arrest in May 1976 after authorities found 39 kg of cocaine hidden in the spare tyre of his truck. Escobar allegedly managed to escape charges by bribing a judge.

PUZZLE NO. 86

Sudoku

				3		4	1	
1			6	2				
9		7					5	
			9			3		5
				8				
2		8			1			
	8					5		1
				4	3			6
	6	2		7				

THE KING OF COCAINE

The bust did, however, lead to the arrest of six co-conspirators, including Escobar's right-hand man (and cousin) Gustavo Gaviria.

PUZZLE NO. 87

Bridges

THE KING OF COCAINE

According to some reports, the two Administrative Department of Security (DAS) agents, who were responsible for Gaviria's arrest, were killed the following year.

PUZZLE NO. 88

Wordsearch

S	U	P	P	R	E	S	S	I	O	N	N	Q	B	G
C	E	S	P	I	O	N	A	G	E	O	O	Y	E	N
O	D	E	L	I	O	R	B	M	E	I	I	T	Y	I
R	C	I	A	S	G	R	T	J	M	T	T	S	O	K
R	Y	U	S	H	A	O	S	M	Q	A	A	E	N	C
U	U	T	A	B	R	E	I	A	S	R	L	N	D	I
P	P	R	I	T	A	G	G	U	D	T	U	O	S	F
T	E	O	U	R	R	N	B	P	P	S	P	H	L	F
I	C	R	L	A	U	V	D	S	T	I	I	S	A	A
O	E	O	T	I	E	C	Y	E	E	N	N	I	D	R
N	I	I	M	R	T	Q	E	W	D	I	A	D	N	T
K	O	P	S	B	K	I	N	S	R	M	M	L	A	G
N	D	I	B	X	A	I	C	S	Q	D	T	N	C	U
B	O	R	D	E	R	T	A	S	Y	A	U	A	S	R
N	Z	I	N	T	E	L	L	I	G	E	N	C	E	D

ADMINISTRATION
BEYOND
BORDER
COMBAT
CORRUPTION
DAS
DISBANDED
DISHONESTY
DRUG TRAFFICKING
EMBROILED
ESPIONAGE
IMMIGRATION
INTELLIGENCE
MANIPULATION
POLITICS
SCANDALS
SECURITY
SUBVERSION
SUPPRESSION
TORTURE

THE KING OF COCAINE

By the mid-1980s, the Medellin cartel – and Escobar, by extension – dominated the cocaine trade and made an estimated $420 million per week while controlling over 80% of the cocaine shipped to America.

The grand operation is what earned Escobar the nickname 'The King of Cocaine'.

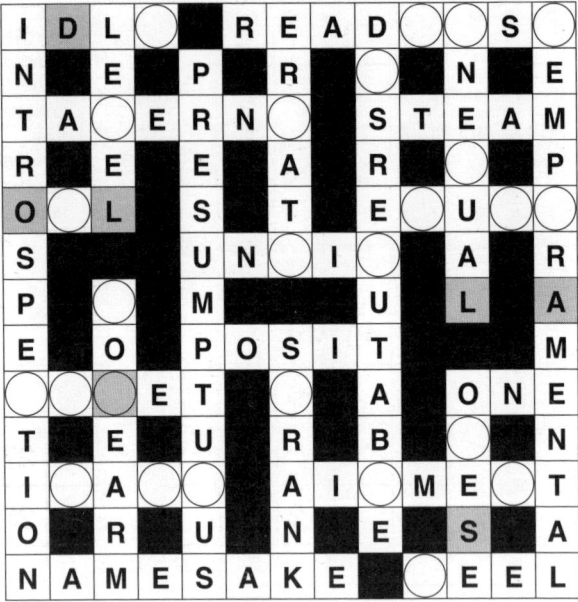

PUZZLE NO. 89

A–Z Puzzle

THE KING OF COCAINE

Escobar's wealth grew exponentially and his fortune was estimated to have reached over $30 billion by *Forbes* in 1987. However, some accounts suggest his worth reached far greater heights throughout his lifetime.

Supposedly, Escobar had so much of his money stored in warehouses and fields that, according to his brother, around 10% (an estimated £2.1 billion) was written off annually to either the rats, the elements or general loss.

PUZZLE NO. 90

King's Journey

		59	70	71		76	93		95
							98	97	
55							100		88
		64			82				
52					80	81			
			48	40			37		
45	46	47		19				33	
				1		21	30		27
	9			12	14				25
7			4						

THE KING OF COCAINE

This wealth was made apparent by Escobar's lavish lifestyle, which included multiple homes.

PUZZLE NO. 91

Pathfinder

E	R	L	T	U	D	D	I	E	W
L	M	U	I	T	E	N	O	S	O
L	O	R	T	T	S	A	H	T	R
E	S	T	N	O	G	R	P	T	E
V	E	M	O	R	S	I	R	A	D
N	N	T	C	I	E	V	A	C	R
I	N	I	P	G	N	I	T	A	A
C	O	R	S	L	E	K	E	L	L
I	V	E	A	W	A	D	E	R	P
P	O	R	H	T	N	A	L	I	H

Controller, Grandiose, Investment, Kingpin, La Catedral, Leader, Multitude, Oversaw, Philanthropic, Private, Stories, Worth

THE KING OF COCAINE

Most noteworthy of his homes was his 20 square kilometres estate called Hacienda Napoles. Reportedly costing $63 million, the home featured a football field, dinosaur statues, artificial lakes, a bullfighting arena, an airstrip and a tennis court.

PUZZLE NO. 92

Rectangles

	2		4								3	
					24							2
		3									4	
4												
	12						2		2			
						4		12				
3			12				2		2			
											26	24
			24									
											2	
				8		5						
					11					2		
						18		8				

THE KING OF COCAINE

The property also had a zoo which housed giraffes, hippos, camels and a host of other animals.

According to reports, Escobar boasted that it took more than 100 employees several weeks to train a flock of white birds to roost in the trees around his estate and remain there for his enjoyment.

PUZZLE NO. 93

Kriss Kross

4 letters
Cars

5 letters
Birds
Herds
Lakes
Pools

6 letters
Camels
Exotic
Hippos
Rhinos
Zebras

7 letters
Animals
Gardens
Man-made
Private

8 letters
Giraffes

9 letters
Creatures
Elephants
Menagerie
Ostriches

10 letters
Sculptures

THE KING OF COCAINE

Escobar's private zoo was reportedly curated with creatures that were smuggled into the country via the planes Escobar used to transport drugs.

PUZZLE NO. 94

Sudoku

1	4					8		
		7	3	2				
						5		2
6				4			2	5
				7				
9	3			5				1
4		6						
				6	7	2		
		8					4	3

THE KING OF COCAINE

More than just a drug smuggler, Escobar funded many projects to aid the poor in his community, which led to him earning the nickname 'Robin Hood'.

He reportedly paid his staff generously and built hospitals, stadiums and housing for the poor – even going so far as to sponsor a local football team.

PUZZLE NO. 95

Bridges

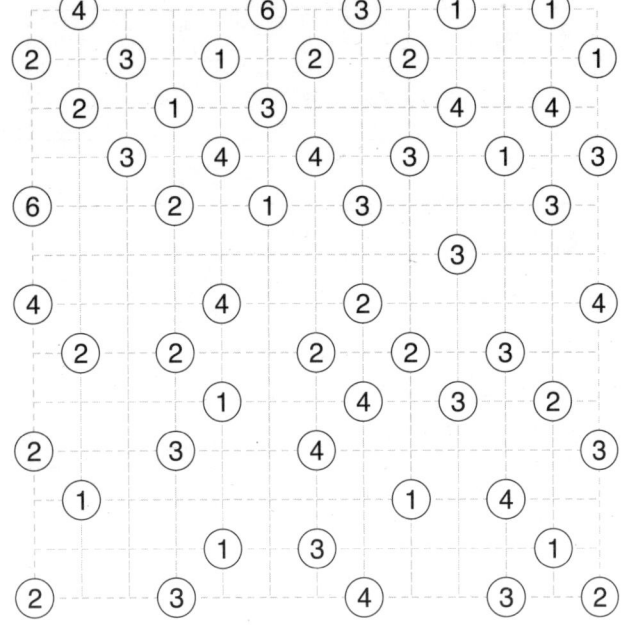

THE KING OF COCAINE

This perception of his character helped him to win an election to an alternate seat of Colombia's Congress, for the Liberal Party, in 1982. However, when a campaign to expose his criminal activities was released to the public, Escobar was forced to resign from this position.

The justice minister who led the efforts was reportedly later assassinated.

PUZZLE NO. 96

Wordsearch

I	D	E	O	L	O	G	Y	R	A	I	C	I	D	U	J
S	O	C	I	A	L	D	E	M	O	C	R	A	T	I	C
K	S	A	T	M	C	S	N	O	I	T	I	B	M	A	A
M	Q	N	N	S	R	O	N	G	I	A	P	M	A	C	L
W	S	D	O	O	I	T	R	E	A	T	I	E	S	A	N
A	B	I	L	S	I	L	K	R	L	I	B	R	R	U	O
L	S	D	L	E	I	T	A	A	U	A	T	E	I	O	I
A	B	A	S	A	G	X	C	I	L	P	B	S	Q	I	T
R	E	T	S	I	N	I	M	E	C	I	T	S	U	J	I
H	E	E	H	A	T	O	S	J	L	O	O	I	D	Q	D
I	E	Q	B	I	R	T	I	L	U	E	S	A	O	L	A
W	E	R	L	R	N	S	K	T	A	C	T	I	Y	N	R
K	U	O	A	L	T	E	R	N	A	T	E	S	E	A	T
Q	P	S	S	E	R	G	N	O	C	N	I	J	Q	A	X
A	P	A	Y	T	N	E	M	N	R	E	V	O	G	R	E
U	D	Y	R	A	T	E	R	C	E	S	U	E	N	R	P

ALTERNATE SEAT
AMBITIONS
CAMPAIGN
CANDIDATE
CONGRESS
CORRUPTION
ELECTION
EXTRADITION
GOVERNMENT
IDEOLOGY
JUDICIARY
JUSTICE MINISTER
LAW
LEGISLATION
LIBERAL
NATIONALISM
POLITICAL
SECRETARY
SOCIAL-DEMOCRATIC
SOCIALIST
TREATIES
URBAN

THE KING OF COCAINE

In the late-1980s, Escobar's wealth had grown so much that he is rumoured to have volunteered to pay off Colombia's national debt of $10 billion. However, while this is unverified, he did offer to roll back all criminal operations in Colombia if he could be promised state protection, immunity in the Colombian courts and protection from extradition to the U.S.

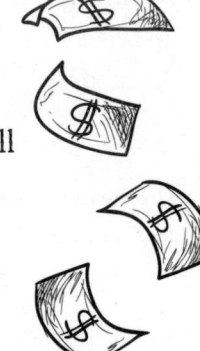

PUZZLE NO. 97

Kakuro

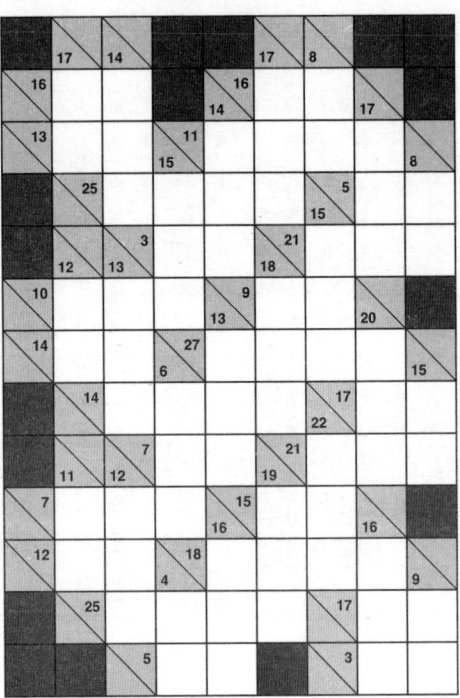

THE KING OF COCAINE

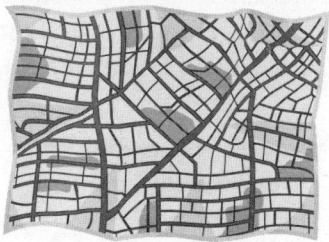

PUZZLE NO. 98

A–Z Puzzle

A B C D E F G H I J K L M N O P Q R S T U V W X Y Z

THE KING OF COCAINE

With a complex legacy of social investment, charitable efforts and criminality, Escobar's well-known ruthlessness was forever at odds which his philanthropic endeavours.

PUZZLE NO. 99

Pathfinder

R	U	L	O	U	S	N	E	R	O
T	T	L	A	C	G	E	A	M	U
N	H	L	E	D	M	R	S	N	S
E	M	S	S	N	I	E	T	I	M
S	T	M	E	F	I	N	T	A	E
E	V	U	N	E	C	E	V	L	R
I	N	R	R	B	H	C	I	L	C
L	A	D	E	R	A	L	A	L	I
C	I	E	R	I	T	E	R	E	S
O	S	E	L	B	A	B	I	L	S

Beneficent, Callous, Charitable, Generous, Liberal, Mastermind, Merciless, Murderer, Ruthless, Social Investment, Villain

THE KING OF COCAINE

"Plata o plomo."

This was the phrase which is said to have been the marker for how Escobar handled problems – 'silver or lead', or, in other words: 'bribes or bullets'.

Escobar is estimated to be responsible for the killings of around 4,000 people, a number which includes numerous police officers and government officials.

PUZZLE NO. 100

Word Ladder

THE KING OF COCAINE

In 1989, the Medellín cartel reportedly placed a bomb on board a passenger aeroplane in an attempt to assassinate one of Escobar's political enemies, presidential candidate César Gavira Trujillo.

PUZZLE NO. 101

Rectangles

				3			5				5	
2									22			
			8									
6				22								
	8					2			6			2
						7					3	
			8									10
		5			8							6
4			2						4	2		
							28					
4			26									
												2
											15	

THE KING OF COCAINE

Escobar allegedly arranged for the bomb to be planted on the domestic passenger plane, Avianca Flight 203. Trujillo missed the flight and avoided injury but the bomb still detonated, killing all 107 people aboard.

PUZZLE NO. 102

King's Journey

				14					6
19			25		27	28			
				44	34	33		10	
22		51	52						
48			72						
				87					1
	83	85		89				40	
	82		100			68	67		
77		98	99	94			63	61	58
			93						59

THE KING OF COCAINE

Nine days after the aeroplane bombing, more than 50 people were killed and 2,200 were injured when a truck bomb detonated outside a DAS building in Bogotá, Colombia.

The Medellín cartel is also believed to be responsible for this attack.

PUZZLE NO. 103

Kriss Kross

4 letters
Loss
Ruin

5 letters
Chaos

6 letters
Deadly
Injure
Mayhem
Terror
Threat
Uproar

7 letters
Destroy
Immoral
Outrage
Turmoil

8 letters
Disorder
Violence
Wreckage

9 letters
Condemned

10 letters
Tumultuous

13 letters
Reprehensible

THE KING OF COCAINE

Escobar quickly became a top target in the war on drugs and, for fear of extradition to the U.S., Escobar was pushed to greater levels of retaliation. He was famed for saying, 'better a tomb in Colombia than a prison in the United States'.

PUZZLE NO. 104

Sudoku

9			7			8		
	5				9			6
		8	2			5		
					4	9		
		7		1		3		
		2	3					
		9			8	2		
2			5				1	
		6			1			5

THE KING OF COCAINE

A massive manhunt was launched to find and arrest Escobar who, in June 1991, offered to turn himself in to the authorities if he would be allowed to build his own prison.

Colombian officials agreed. According to some reports, the Colombian authorities were not allowed within three miles of his prison.

PUZZLE NO. 105

Bridges

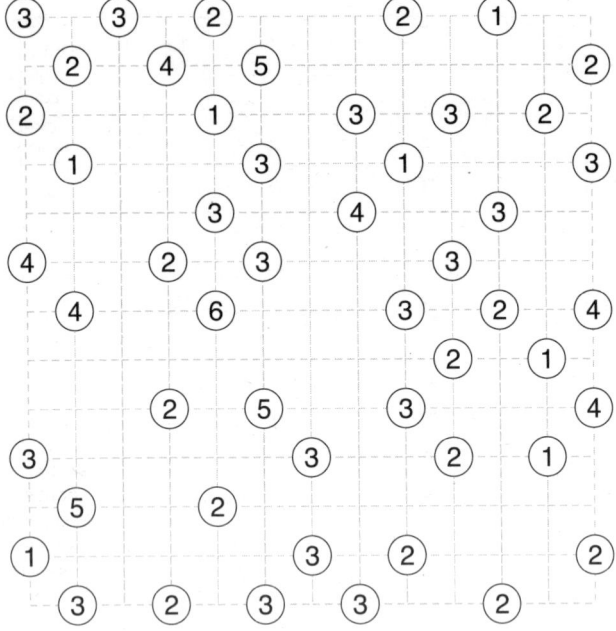

THE KING OF COCAINE

Unsurprisingly, after building his own place of confinement, Escobar's imprisonment had very little effect on his criminal lifestyle. His luxurious prison, La Catradel (The Cathedral), featured a nightclub, sauna, waterfall, football field and came equipped with telephones, computers and fax machines.

However, when Escobar tortured and killed cartel members at La Catradel, officials decided to move him to a less accommodating cell.

PUZZLE NO. 106

Wordsearch

```
I J T F L U X U R I O U S G A
A N U A S E C J M B H B W C V
N M A X A Q A U P V U O C C H
D O D M T U R L K I R O W A G
E N E A R I T Z L K M Z M T P
I I S C E P E T E M N E S H R
F G I H C M L R O O E D S E I
I H G I C E S D S T L I B D V
D T N N O N A I I E V X U R A
O C E E S T R N I A W M S A T
M L R D I P G F L W M Y I L E
G U K O K T E L E P H O N E S
I B N W A T E R F A L L E R G
Z S F G C O N F I N E D S Y A
I S K C O M P U T E R S S O I
```

ACCOMMODATIONS
BUILT
BUSINESS
CARTEL
CATHEDRAL
COMPUTERS
CONFINED
DESIGNER
EQUIPMENT
FAX MACHINE
FIELDS
LAVISH
LUXURIOUS
MEETING
MODIFIED
NIGHTCLUB
PRISON
PRIVATE
SAUNA
SOCCER
TELEPHONES
WATERFALL
WORKERS

THE KING OF COCAINE

However, before Escobar could be transferred to another prison in June 1992, he managed to escape custody.

Reportedly aided by the U.S. Government, the Colombian Government launched a widespread search for the drug smuggler.

PUZZLE NO. 107

King's Journey

57				64		88		97	
					86		100	98	
	61				85				93
		76	79		82		1		6
	68			78		3			
			73			40		9	
50	51		71			39	22		
32				45					
		34	35					15	
				26		17			13

THE KING OF COCAINE

Escobar and his family went on the run and remained so between 1992-1993. During this time, he's famously rumoured to have burned $2 million to keep his daughter warm.

PUZZLE NO. 108

Pathfinder

H	E	A	C	U	B	W	A	L	T
Y	E	P	S	R	E	M	E	N	U
P	O	T	E	N	V	A	M	T	O
D	A	H	C	M	O	N	H	E	S
E	G	E	I	R	A	E	U	V	I
S	E	R	M	C	K	S	N	I	T
E	N	E	H	H	A	E	T	G	U
C	G	R	I	G	L	R	J	A	F
R	N	I	D	N	O	B	L	I	L
E	T	L	Y	I	W	R	E	B	E

Burn, Escapee, Fugitives, Hiding, Hypothermic, Jailbreak, Lying Low, Manhunt, Movement, Outlaw, Rebel, Renegade, Search, Secret

THE KING OF COCAINE

Escobar celebrated his 44th birthday on the 1st December 1993. The following day in Medellin, his hideout was discovered by Colombian forces, who stormed the building. Escobar and a bodyguard managed to get to the roof where a chase and subsequent gunfight ensued. Escobar was fatally shot.

His family were placed under police protection and, following Escobar's death, the Medellin cartel soon collapsed.

PUZZLE NO. 109

A–Z Puzzle

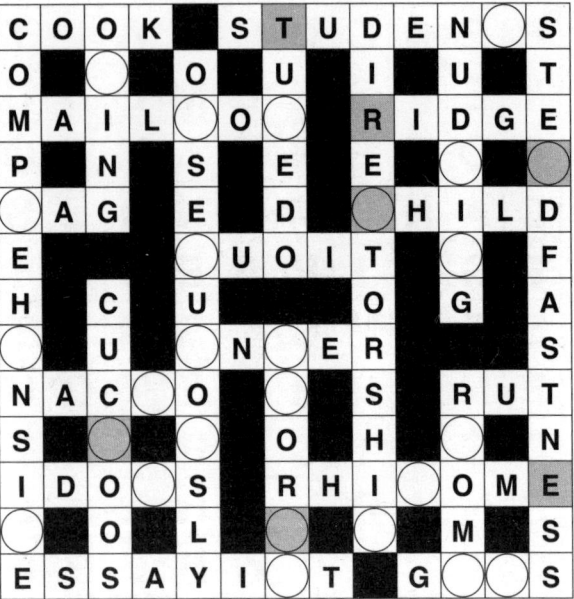

THE KING OF COCAINE

Escobar's death remains a controversial topic; some believe that the King of Cocaine was shot while running and some that he was coldly executed. Others, including Escobar's son, believe he committed suicide to avoid prison.

Public opinions of Escobar have remained conflicted, however, it's reported that an estimated total of 25,000 mourners attended his funeral and many still think of him fondly.

PUZZLE NO. 110

Rectangles

	8				24				4	
							2	4	4	
					4					
						2		2		10
					2					
10						24				
					5					8
				12						
		27								
			4			15		15		
	4								2	
	6	2							2	
										4
	3				14				2	

THE
BULGER
BROTHERS

William (Billy) Michael Bulger – former American Democratic politician, lawyer and educator – was born on the 2nd February 1934. From South Boston, Massachusetts, William's eighteen-year tenure as President of the Massachusetts Senate was, then, the longest in history. After leaving office, William's grand professional life continued as he went on to become the president of the University of Massachusetts. However, his career as a powerful politician and university president were eclipsed and eventually derailed when he chose to stand by his sibling.

Of his five siblings, William had two brothers: John P. Bulger and James (Whitey) Bulger. While William and John lived on one side of the law, Whitey chose to live on the other.

Born on the 3rd September 1929, Whitey grew up alongside his siblings on a housing project in South Boston. His first arrest for delinquency came at just 13-years-old. He was arrested again in 1956 for robbing banks in Massachusetts, Rhode Island and Indiana and was sentenced to twenty years in prison. Whitey managed to only serve nine years; three of which were spent at Alcatraz. However, bank robberies would be the least of Whitey's life of crimes.

After his release from prison, Whitey became involved with the Winter Hill Gang – which he would eventually go on to lead. A few years later, he turned informer for the FBI. However, the line between informant and criminal blurred throughout Whitey's lifetime and, after years on the run, he was eventually captured and arrested on the 22nd June 2011. Whitey refused to testify at his trial, still claiming he had been given immunity by the Justice Department for his crimes and had, in effect, a license to kill.

Whitey's crimes came at the expense of his brother's success. William had many accomplishments, yet elected to remain loyal to his older brother. Remaining steadfast to either co-operate with the authorities or publicly distance himself from Whitey, he forfeit his legacy for loyalty – his silence ultimately costing him his position at the university in 2003.

Popular adaptations of Whitey Bulger's life include the 2015 movie *Black Mass*, which stars Johnny Depp.

THE BULGER BROTHERS

According to one politician, 'what Whitey does with a gun, Billy does with a gavel'.

With one brother leading an illustrious career in politics and the other turned mob boss – convicted of participating in 11 murders, among other crimes – the Bulger brothers have fascinated many since news of Whitey's case first broke.

PUZZLE NO. 111

Kriss Kross

3 letters
Mob
Run

4 letters
Gang

5 letters
Crime

6 letters
Bulger
Murder
Senate
Wanted
Whitey

7 letters
Charged
Federal
Handler
William

8 letters
Brothers
Politics
Violence

9 letters
Assailant
Informant
President

10 letters
Enterprise

THE BULGER BROTHERS

Raised together in Old Harbor Housing Development, South Boston, Whitey (so nicknamed for his white-blond hair) and William Bulger remained close throughout the years, with each achieving a level of infamy within their respective roles.

PUZZLE NO. 112

Sudoku

		2				9		3
		3		9	8			
	5							
			9		4	8		7
8								6
1		6	2		7			
							8	
			1	3		6		
4		7				1		

THE BULGER BROTHERS

Even as a young man, Whitey was attracted to street crime. His first arrest came when he was barely into his teen years, and he spent much of his early adulthood in and out of jail for various assaults and theft charges.

PUZZLE NO. 113

Bridges

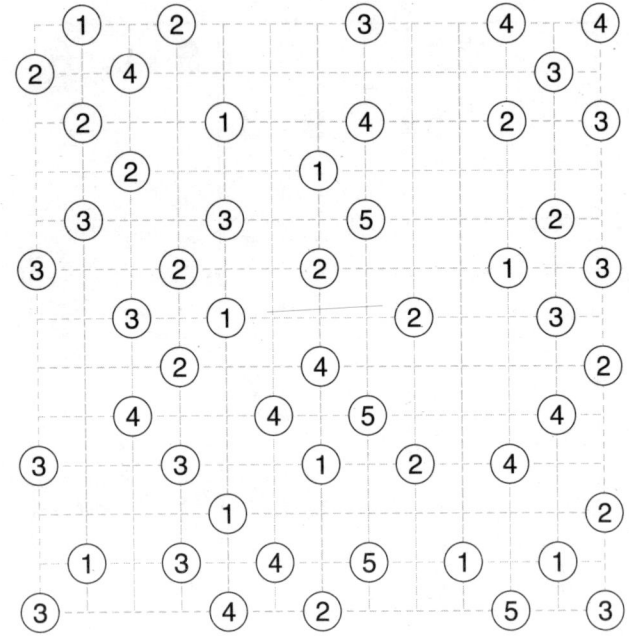

THE BULGER BROTHERS

Whitey even faced military charges during his short stint in the Air Force between 1948-1952, including a rape charge in Great Falls, Montana.

When he was discharged from the military, however, it was certified as honourable despite the charges against him.

PUZZLE NO. 114

Wordsearch

```
N Q T F I R S T D E G R E E G
E Z H L N O I T R O T X E N X
T C I U S C H A R G E D I U T
F O R R A C K E T E E R I N G
E M T Y D S M H J U E U Z H W
H P Y S M S S H I D K G G A E
T L O T A U T A N T L D B I G
Y I N R K W R U U Y M E Q F N
T C E E C J A D N L H A H A I
T I C E Z L G A E U T L N M B
E T O T Y Q E M I R C I K B I
P Y U E H D E R I P S N O C R
F S N O P A E W P O N G O R B
Y O T L I F E S E N T E N C E
M A S H Y G N I T P U R R O C
```

ASSAULT
BRIBING
CHARGED
COMPLICITY
CONSPIRED
CORRUPTING
CRIME
DRUG DEALING
EXTORTION
FIRST-DEGREE
HITMAN
LIFE SENTENCE
MAFIA
MONEY LAUNDERING
MURDER
PETTY THEFT
RACKETEERING
STREET
THIRTY-ONE COUNTS
WEAPONS

THE BULGER BROTHERS

In 1956, Whitey was convicted of federal charges for armed robbery and truck hijacking and did his first stint in federal prison. He served time in penitentiaries in Atlanta, Alcatraz, Leavenworth and Lewisburg during this time.

PUZZLE NO. 115

Word Wheel

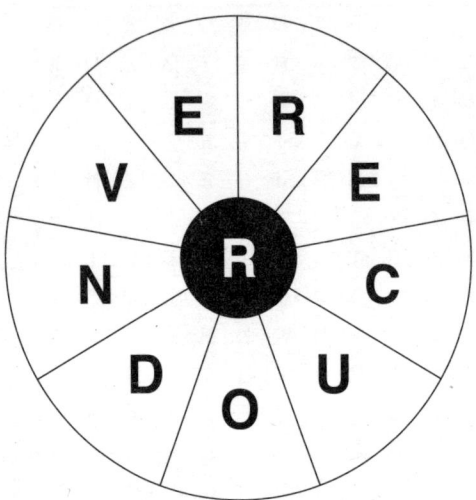

See how many words you can make out of the wheel!
(You must use 'R' in each word.)

CAN YOU GET THE 10-LETTER WORD?

THE BULGER BROTHERS

Meanwhile, Whitey's younger brother William had not long graduated from high school. William became interested in politics in 1959 and was first elected to the Massachusetts House of Representatives as a Democrat in 1960 before being elected to Massachusetts State Senate in 1970.

With a host of other accolades, William's career remained unaffected by his brothers actions for a time and he remained very popular in his district.

PUZZLE NO. 116

A–Z Puzzle

A B C D E F G H I J K L M N O P Q R S T U V W X Y Z

THE BULGER BROTHERS

While in federal prison, Whitey volunteered to participate in an experiment for what he believed was medical research into schizophrenia in exchange for a lesser sentence. Bulger, alongside other inmates who had volunteered, were dosed with LSD – in addition to other drugs – over the course of many months by the CIA. Allegedly, the CIA were really searching for a drug to control minds and administered the powerful hallucinogen to Bulger more than 50 times while he served his first stretch in prison.

PUZZLE NO. 117

King's Journey

66					20		17		
67					23				15
				62				1	
			72			28		5	
76		80	79				10		4
				59		53			
83	99		87		56				
	100		88			46			33
93	95	96		50					
					42		37		

THE BULGER BROTHERS

Whitey described the experience as 'nightmarish' and said that the experiments took him to the 'depths of insanity'. He wrote in notebooks that he heard voices and feared being 'committed for life' if he told anyone.

PUZZLE NO. 118

Pathfinder

H	D	E	R	E	T	S	I	N	I
A	A	T	I	O	R	I	S	H	M
L	T	M	I	N	I	I	R	A	D
L	N	E	R	N	A	C	E	M	A
U	C	P	E	L	S	D	V	R	Y
N	I	X	E	S	C	R	O	A	T
O	N	S	D	C	O	A	L	U	N
G	E	S	O	I	T	N	D	U	A
A	G	E	L	E	L	C	E	R	R
N	G	I	L	G	A	O	V	T	F

Administered, Covert, Dose, Experimentation, Fraud, Gang, Hallucinogens, Illegal, Irish American, LSD, Narcotics, Voluntary

THE BULGER BROTHERS

As part of his lesser sentence, Whitey was released from prison in 1965 and worked as a janitor and construction worker for a time before becoming a bookmaker and loan shark for the Killeen Gang who, at that time, were at war with the Mullen Gang.

PUZZLE NO. 119

Rectangles

					7	8						
				14								
	6		2					12				
			2									
2							8	2				
10										12		5
						6						
			12					18				
					2		2					
7		24						20				
									4		2	2
										6		
						9				7		
		10									4	

THE BULGER BROTHERS

Whitey committed his first homicide during this war, accidentally shooting the innocent twin brother of a rival gangster.

PUZZLE NO. 120

Kakuro

THE BULGER BROTHERS

A truce came between the Killeen and Mullen gangs. There are conflicting reports and confusion about whether Whitey switched sides during the war – and it's possible he killed the leader of his own gang in exchange for power. Regardless, by 1972, he was indisputably one of the 'top dogs' amongst gangsters in Boston.

PUZZLE NO. 121

Sudoku

					4	8	9	
	8				5			2
			2			6	4	
						5	8	
		5				4		
	7	1						
	5	6			2			
3			4				7	
	9	2	3					

THE BULGER BROTHERS

It was during this time that Whitey cemented his reputation for violence and was implicated in the deaths of at least three of his colleagues.

PUZZLE NO. 122

Kriss Kross

3 letters
Fix
4 letters
Bets
5 letters
Crook
Force
Mafia
6 letters
Bandit
Danger
Felony
Gunman
Leader
7 letters
Lawless
Mob Boss
Mobster
Villain
Warfare
8 letters
Gangster
Killings
9 letters
Racketeer
Shootings
11 letters
Delinquency

THE BULGER BROTHERS

In 1979, the boss and deputy of the Winter Hill Gang (as it would come to be known) were both arrested for fixing horse races.

As the story goes, Whitey Bulger swiftly took over the gang's leadership.

PUZZLE NO. 123

Bridges

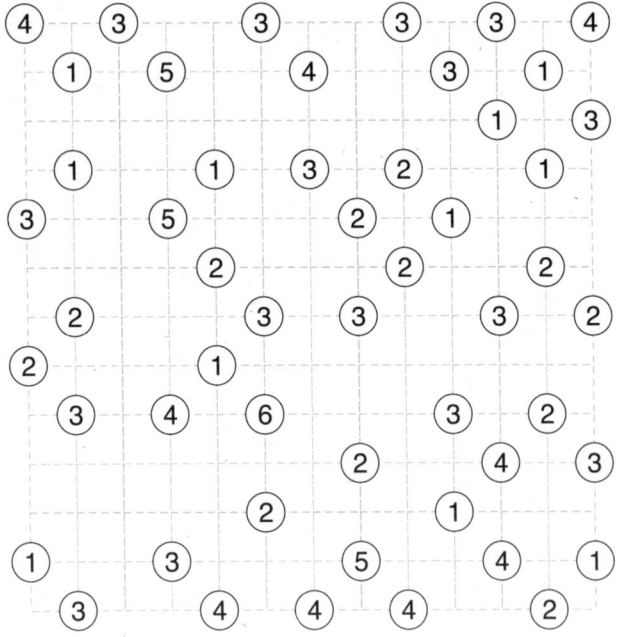

THE BULGER BROTHERS

Few knew, however, that Whitey had been an informant for the FBI from at least 1975.

PUZZLE NO. 124

Wordsearch

N	I	D	S	T	I	P	S	T	E	R	T	W	K	C
B	A	N	K	S	R	E	S	U	C	C	A	H	P	V
A	R	O	F	V	P	H	V	K	V	T	N	I	L	W
C	N	O	D	O	U	B	L	E	C	R	O	S	S	H
K	A	N	T	O	R	R	E	F	I	N	K	T	Y	T
S	R	O	Z	A	J	M	Y	G	I	H	F	L	L	N
T	K	I	W	Y	R	G	A	U	L	D	D	E	E	R
A	C	T	Q	E	C	O	J	N	T	Z	R	B	D	E
B	M	C	I	B	A	A	B	Z	T	B	I	L	D	L
F	F	E	J	U	K	S	N	A	U	B	B	O	S	A
U	L	N	T	K	R	P	E	A	L	M	G	W	N	E
F	I	N	M	C	I	G	K	L	R	L	N	E	A	U
B	K	O	Y	R	Q	L	D	C	N	Y	O	R	K	Q
I	B	C	A	R	E	H	C	T	I	N	S	C	E	S
R	E	Y	A	R	T	E	B	Y	P	S	Q	S	U	U

ACCUSER
BACKSTAB
BETRAYER
CANARY
COLLABORATOR
CONNECTION
DOUBLE-CROSS
FBI
FINK
INFORMANT
NARK
SNAKE
SNITCHER
SONGBIRD
SPY
SQUEALER
TIPSTER
WEASEL
WHISTLEBLOWER

THE BULGER BROTHERS

For the FBI, Whitey worked alongside John Connolly – a boy who had also grown up in the same neighbourhood in South Boston.

According to reports, Connolly was 10 years younger than Bulger and had grown up idolising both Whitey and his brother, William.

PUZZLE NO. 125

A–Z Puzzle

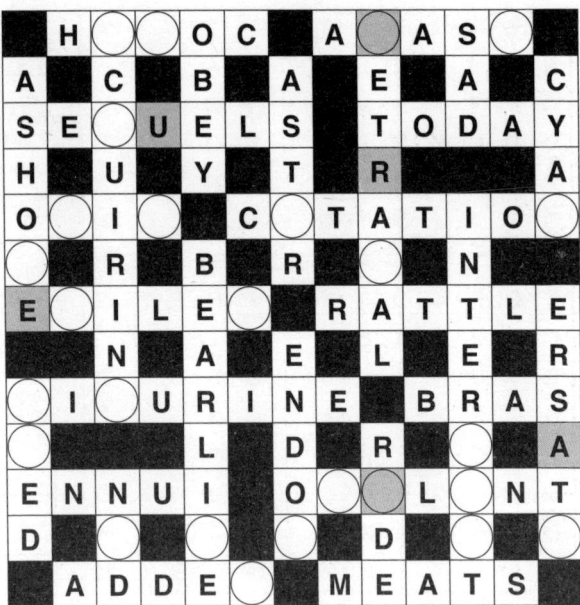

THE BULGER BROTHERS

William, on the other hand, had just been elected President of the Massachusetts State Senate in 1978. He would be re-elected every two years until 1996.

PUZZLE NO. 126

King's Journey

					57				52
	23				73	74		54	51
18	24	29					78		
					82		87		
	31	61					89		
			69			93		95	
						99	97		46
		13	34			100			
1	5	9				66		43	
2								39	

THE BULGER BROTHERS

Whitey also worked closely with another FBI informer, Stephen Flemmi, who had been recruited by the bureau in 1965.

During this time, Whitey established a racket and began to extort money from bookmakers, loan sharks, drug dealers and other local criminals.

PUZZLE NO. 127

Pathfinder

I	O	I	L	O	N	K	M	L	E
T	N	M	L	I	S	C	A	I	X
R	O	T	X	W	S	A	O	L	P
S	W	I	E	I	B	L	I	R	C
H	D	N	G	N	E	A	T	E	I
T	L	I	N	D	L	T	I	O	O
R	H	T	Y	L	L	U	O	C	N
O	E	R	A	E	T	B	N	Y	S
W	F	T	C	K	M	O	N	E	H
T	E	N	N	W	O	D	E	K	A

Blackmail, Bully, Coercion, Exploitation, Extortion, Millions, Money, Net Worth, Racket, Shake Down, Swindle, Swindling, Theft

THE BULGER BROTHERS

Whitey fed Connolly a steady stream of information on the Patriarca family, who were renowned for their crimes in nearby Providence, Rhode Island.

The Patriarca family occasionally allied with the Winter Hill Gang but were, more often than not, rivals.

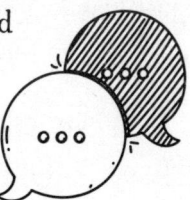

PUZZLE NO. 128

Rectangles

			10				2			8	
8						2			12		
								15			
				15							
		25					3				
4											
		28				10	24				
		4	2		3	3				16	
	12						2				6
		4			4						3

THE BULGER BROTHERS

Later, it was revealed in court that Whitey was not indicted alongside his fellow gang members in 1979, because Connolly had intervened to protect his informant.

PUZZLE NO. 129

Kriss Kross

4 letters
Risk

5 letters
Aegis
Hedge

6 letters
Buffer
Charge
Invade
Secure
Shield

7 letters
Barrier
Bastion
Cushion
Exposed
Imperil
Shelter

8 letters
Immunity
Permeate

9 letters
Discredit
Indemnity

12 letters
Infiltration

THE BULGER BROTHERS

In the 1980s, Whitey reportedly continued to operate the Boston rackets with impunity. He's also alleged to have gained more experience with murder.

PUZZLE NO. 130

Sudoku

3							7	4
7		4	6			1		
8					3		2	
		3						
			7	9	4			
						5		
	1		3					8
		5			1	7		9
9	6							3

THE BULGER BROTHERS

Around this time, Whitey began to target narcotics distributors who were supplying the Irish Republican Army – which was fighting against the British Government in Northern Ireland – with weapons.

In the shake down, however, Whitey reportedly refused to allow heroin to enter South Boston.

PUZZLE NO. 131

Bridges

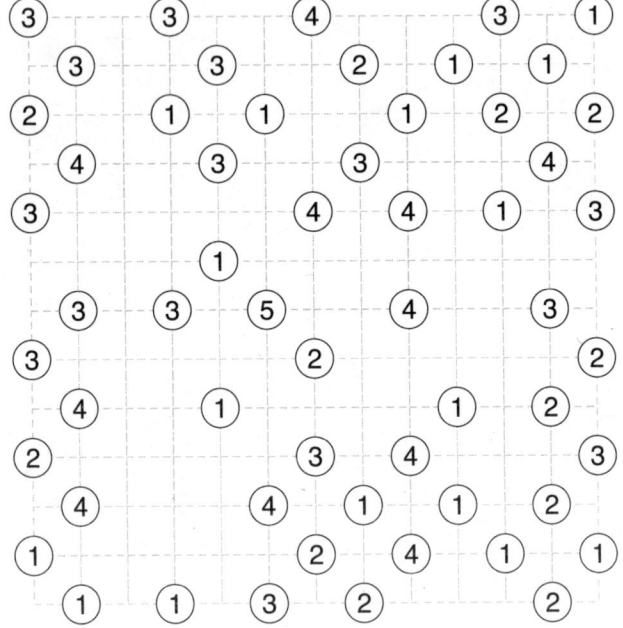

THE BULGER BROTHERS

Whitey continued to live up to his reputation and, in 1991, is said to have 'muscled' his way into a share of legal lottery winnings which amounted to $14 million because the ticket had been purchased in a shop he controlled.

PUZZLE NO. 132

Wordsearch

B	G	T	E	D	U	T	I	N	E	L	P	W	D	U
S	I	Q	P	W	S	A	S	S	E	T	S	E	C	C
N	U	L	J	U	B	D	N	H	X	C	T	A	N	O
O	W	V	L	P	R	E	N	S	K	A	C	T	S	M
I	Z	E	L	G	P	R	G	I	L	K	A	O	E	P
L	Y	I	A	M	O	N	O	U	F	P	P	N	H	E
L	F	Z	O	L	I	T	M	C	L	K	I	E	C	N
I	O	C	R	N	T	U	T	E	N	Z	T	M	I	S
M	E	C	R	P	C	H	N	E	B	X	A	E	R	A
R	R	A	U	C	Q	T	S	F	N	D	L	N	N	T
R	E	S	A	J	Y	H	X	G	C	G	N	T	T	I
O	L	H	S	E	I	T	I	L	I	B	A	I	L	O
V	F	Y	E	C	N	A	T	S	B	U	S	I	D	N
Q	K	V	B	L	O	O	D	M	O	N	E	Y	N	W
B	B	L	A	C	K	M	A	R	K	E	T	B	F	S

ACCUMULATED
ASSETS
ATONEMENT
BLACK MARKET
BLOOD MONEY
CAPITAL
CASH
COMPENSATION
CORRUPT
EARNINGS
FINDS
ILL-GOTTEN GAINS
LIABILITIES
MILLIONS
PLENITUDE
PLENTY
RECOMPENSE
RICHES
SUBSTANCE
WEALTH

THE BULGER BROTHERS

Things began to unravel in 1994, however, when the Drug Enforcement Administration, Massachusetts State Police and the Boston Police Department launched an official investigation into Whitey Bulger, The Winter Hill gang and its crimes.

PUZZLE NO. 133

Kakuro

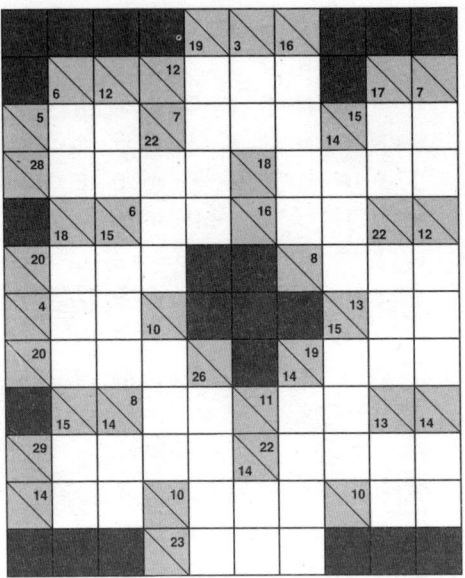

THE BULGER BROTHERS

It turns out they had accurately guessed that the FBI had been compromised and, therefore, made the decision to keep the bureau out of the loop until the arrests were imminent.

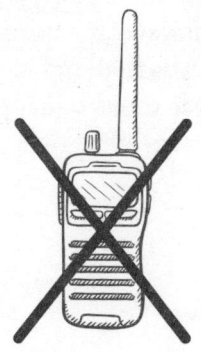

PUZZLE NO. 134

A–Z Puzzle

A B C D E F G H I J K L M N O P Q R S T U V W X Y Z

THE BULGER BROTHERS

However, Connolly helped Whitey a final time, and warned him of the arrests once he got wind of what was about to happen.

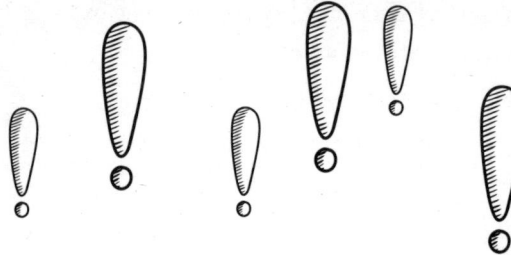

PUZZLE NO. 135

King's Journey

			33		31	30		27	
		40		42					25
38			67		62		46		
	99	94				64		48	
100	98	93						49	
	89					71	59	50	
		86	82	79		72			20
5									
	1		77			55	53	18	
	3		10				14		16

THE BULGER BROTHERS

Whitey fled – leaving his high-level associates in the gang to be arrested – and took his girlfriend, Teresa Stanley, with him. However, Stanley went home to her children a few weeks later and Whitey instead met up with his other girlfriend, Catherine Greig.

Whitey Bulger and Catherine Greig would spend the next sixteen years as fugitives.

PUZZLE NO. 136

Pathfinder

A	W	I	T	H	U	N	T	E	D
L	B	D	D	Y	R	A	N	S	E
T	A	N	E	N	A	W	O	C	A
U	O	E	S	U	R	A	I	T	P
R	Y	R	A	N	D	Y	F	I	E
E	E	T	G	I	R	G	U	S	E
P	R	I	L	E	B	I	T	N	T
P	E	X	O	D	R	V	I	A	R
I	N	O	D	G	E	E	S	E	A
L	S	I	S	A	V	E	H	C	R

Bandit, Brigand, Deserter, Dodger, Escapee, Evasion, Exile, Fugitive, Hunted, Outlaw, Runaway, Search, Slippery, Transitionary

THE BULGER BROTHERS

While Whitey was on the run, William refused to meet with the FBI and told a grand jury that he hoped he would never do anything which might lead to his brother's capture.

PUZZLE NO. 137

Rectangles

							20						
6		2											
						3						6	
	2					4							14
				8									
	6									24			
			12							14			
	2			3									
							14						
8		3									10		
							18	2					
				5		2							
				2		2		4		12			
10				2		2							3

THE BULGER BROTHERS

However, in 2002, William took the Fifth Amendment before a congressional committee investigating his brother's corrupt relationship with the FBI and, only after he was granted immunity, testified before Congress in 2003. He claimed he had no idea that his brother was ever involved in murder or narcotics trafficking, and denied having even heard of the notorious Winter Hill Gang, which his brother had led.

PUZZLE NO. 138

Word Ladder

THE BULGER BROTHERS

In the face of a moral dilemma, William's apparent lack of co-operation and failure to publicly dismiss his brother, Whitey, led to his eventual, forced resignation from the university.

He was, however, left with a state pension of $200,000 per year.

PUZZLE NO. 139

Kriss Kross

4 letters
Bond

5 letters
Cease
Eject

6 letters
Forced
Ousted
Plight
Unseat

7 letters
Dilemma
Dismiss
Ethical
Impasse
Leaving
Loyalty
Release

8 letters
Coercion
Morality
Pressure
Unburden

11 letters
Predicament

THE BULGER BROTHERS

The FBI followed tips on Whitey's whereabouts for years. At one point, he was number two on the most-wanted list, after Osama bin Laden – drawing a reward of $2 million if caught.

PUZZLE NO. 140

Sudoku

	9	1					2	
	4				5			
					7	4	6	
2			8					
	5		4	1	2		3	
					3			9
	8	3	5					
			6				1	
	6					9	5	

THE BULGER BROTHERS

Whitey was eventually captured in 2011 after sixteen years spent on the run and was arrested alongside his girlfriend outside of a townhouse in Santa Monica.

He was arraigned on the 6th July that same year and faced 48 federal charges, including 19 charges of murder. The indictment also charged him with extortion, money laundering and possession of weapons – including machine guns. He pleaded not guilty.

PUZZLE NO. 141

Bridges

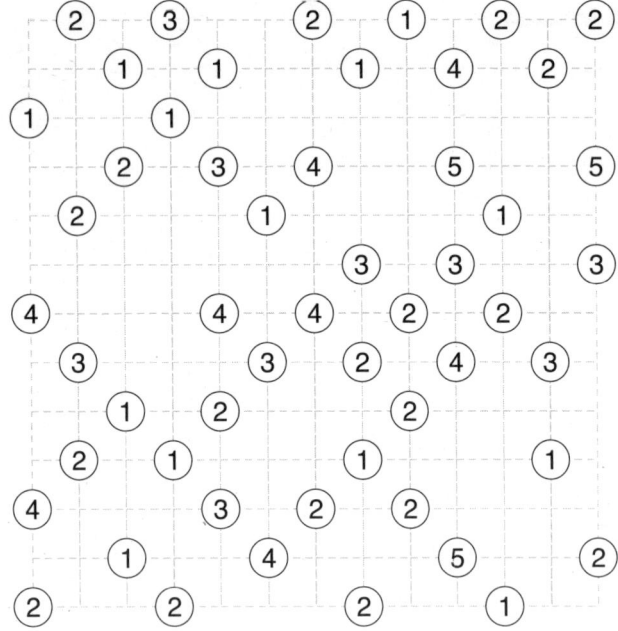

THE BULGER BROTHERS

Multiple witnesses testified against Whitey – however, he refused to testify on his own behalf, claiming that he had been 'choked off' from providing his full defence.

He was found guilty of 31 counts 2 years later.

Greig, his long-time girlfriend, was sentenced to eight years in prison and a $150,000 fine for helping him to elude authorities. She claimed she had used false identities to help Whitey remain hidden.

PUZZLE NO. 142

Wordsearch

H	E	N	M	D	E	T	N	A	R	R	A	W	N	U
I	N	D	E	F	E	N	S	I	B	L	E	D	I	I
U	D	E	N	O	S	I	R	P	M	I	I	N	B	N
E	N	Y	E	Y	N	O	M	I	T	S	E	T	R	C
L	E	J	R	E	Z	I	E	S	G	X	S	D	D	A
B	D	C	U	X	I	B	J	R	P	U	S	E	E	R
A	E	A	T	S	Z	K	A	L	O	E	E	G	D	C
S	N	U	P	V	T	C	A	T	L	H	N	R	N	E
U	I	G	A	D	E	I	I	T	R	M	T	A	E	R
C	A	H	C	F	N	U	F	U	T	A	I	H	H	A
X	T	T	U	A	T	J	I	I	Y	V	W	C	E	T
E	E	L	B	A	N	O	D	R	A	P	N	U	R	I
N	D	L	R	Y	I	C	H	J	J	B	R	V	P	O
I	E	G	D	E	T	S	E	R	R	A	L	O	P	N
B	L	A	M	E	W	O	R	T	H	Y	Z	E	A	W

APPREHENDED
ARRESTED
BLAMEWORTHY
CAPTURE
CAUGHT
CHARGED
DETAINED
DISGRACEFUL
GRATUITOUS
IMPRISONED
INCARCERATION
INDEFENSIBLE
INEXCUSABLE
INEXPLAINABLE
SEIZE
TESTIMONY
UNJUSTIFIABLE
UNPARDONABLE
UNWARRANTED
WITNESS

THE BULGER BROTHERS

William attended his brother's arraignment but did not show up at all during the eight-week trial or for the verdict and sentencing (though, their third brother, John, was in attendance throughout).

While William continued to visit his brother in prison, he intoned that this did not mean he condoned 'it', though never elaborated on what this meant.

PUZZLE NO. 143

Rectangles

	2			16										2
	2	2											6	
						15								
				3		2						2		
				5				2				2		
				2										
				3			16							
				9						21				
	22								2					
						18				3				
			18											
			6				6	4				4		20
2										4	4			

158

THE BULGER BROTHERS

However, the fact that William lived next door to a house owned by one of Whitey's partners in crime – where the gang was said to hatch plots, store an arsenal of weapons and even commit murder – has led many to doubt his supposed lack of connection to his brother.

PUZZLE NO. 144

King's Journey

		39	37			29			20
				35		28	26		
43		47			32			24	
	51								16
		55	54		2		4	12	
	59	60	61			1		89	90
	65				7				
	67		76				93	100	98
			77						99
	70	72		81	82	84			

THE BULGER BROTHERS

Connolly, the FBI agent who worked with Whitey Bulger and Flemmi, was indicted in 1999 of feeding confidential information to his informants, lying on FBI reports and accepting bribes. He was convicted in 2002 and sentenced to ten years.

In 2008, however, he was convicted of second-degree murder for another of Whitey's victims, which had taken place in Florida twenty-six years prior. He was sentenced to forty years on that conviction.

PUZZLE NO. 145

Pathfinder

M	U	P	T	I	O	O	U	E	D
S	R	U	N	O	N	D	B	L	E
D	D	R	C	I	I	L	E	R	A
E	E	R	O	T	C	N	D	E	L
E	R	I	M	T	I	O	G	N	I
D	E	R	P	P	E	C	S	I	N
S	E	D	R	O	D	E	L	A	M
I	C	G	R	P	Y	R	P	I	C
M	E	N	I	E	T	A	C	T	E
T	I	I	O	D	G	N	O	R	W

Corruption, Deceit, Deception, Dereliction, Double-dealing, Impropriety, Malpractice, Misdeeds, Murderer, Sin, Wrongdoing

THE BULGER BROTHERS

At 84-years-old, Whitey Bulger was sentenced to life in prison.

Then, on the 30th October 2018, James 'Whitey' Bulger – who was, by this point, wheelchair-bound at 89-years-old – was killed hours after arriving at Hazelton Federal Prison in West Virginia. He was beaten to death by fellow inmates, who used a padlock which had been stuffed inside of a sock. Reports also claimed Whitey's eyes had been gouged from his head.

It's assumed that his murder came as a form of 'mob justice', meted out for Whitey's role as an FBI informer.

PUZZLE NO. 146

Kakuro

THE INDIANA OGRESS

Belle Gunness accrued many nicknames throughout her lifetime, 'The Indiana Ogress' being just one of them. Born Brynhild Paulsdatter Størseth on the 11th November 1859 in Selbu, Norway, Belle immigrated to Chicago, United States, in 1881 and changed her name to Bella Petersen.

Standing tall at a reported 5'9" and weighing over 200 pounds, Gunness worked as a serving girl for a time before meeting her first husband, Mads Albert Sorenson. They married in 1884 and, in the following years, opened a candy store. However, when their candy store soon mysteriously burned down, the couple swiftly claimed on their insurance.

Misery and misfortune seemed to follow Gunness wherever she went after that. Reportedly, the couple had four children together but two are said to have sadly died of acute colitis as infants. In 1900, Gunness' husband, Sorenson, died of what was said to be natural causes. Shortly after that, their house burned down.

Deciding to cut her losses, Gunness moved to a 48-acre farm in La Porte, Indiana with her daughters and adoptive daughter. She soon remarried a man called Peter Gunness in April 1902 but, unfortunately, Peter's daughter from a previous relationship died of uncertain causes just one week after their marriage. In December that same year, Peter also died.

Following the untimely death of her husband, from whom Gunness got her name, Gunness began to write lovelorn columns and published them in Norwegian-language newspapers. She described herself as a 'comely widow' and began to seek connections with who she desired to be 'equally well provided' gentleman, inviting them to join her on her farm with their fortunes when they responded.

Neighbours soon began to take note of Gunness and the seemingly endless flock of men who appeared on her farm, (whom she would introduce as cousins). However, only years later did it occur to the town of La Porte that they couldn't recall ever seeing any of the men who visited Gunness leave.

THE INDIANA OGRESS

Norwegian-born Belle Gunness immigrated to the United States in 1881. Wherever she went, a series of suspicious fires and deaths followed.

The youngest of eight children, the daughter of a stone mason was said to stand at 5'9" tall and weigh over 90 kilograms – an impressive feat for the time.

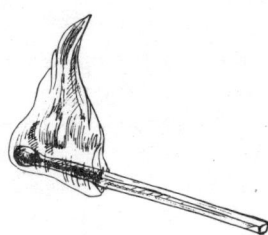

PUZZLE NO. 147

Kriss Kross

4 letters
Farm
Pigs
Tall

5 letters
Death
Fires
Money

6 letters
Escape
Killer
Lonely
Ogress

7 letters
Chicago
Getaway
Gunness
Indiana
Mystery

8 letters
Lovelorn

9 letters
Insurance
Murderess
Suspicion
Thousands

THE INDIANA OGRESS

She went first to Chicago, where she changed her name to Bella Petersen and took up work as a serving girl.

PUZZLE NO. 148

Sudoku

							8	9
7		8	4					3
	6		2		1			
			9		4	2		
		7				4		
		2	6		5			
			5		2		6	
8					3	9		5
6	5							

THE INDIANA OGRESS

It wasn't long before she met Mads Albert Sorenson. The pair married and opened a candy store together.

However, their home and candy store unfortunately burned down soon after.

PUZZLE NO. 149

Wordsearch

W	C	S	C	S	P	O	R	D	N	O	M	E	L	S
O	T	O	A	M	A	P	L	E	R	J	B	S	D	X
L	N	F	N	P	E	A	N	U	T	U	W	N	C	C
L	I	T	D	F	O	Q	H	I	T	E	O	S	Q	O
A	M	F	Y	O	E	V	P	T	E	M	E	S	E	C
M	R	R	B	E	J	C	E	T	L	C	P	E	T	O
H	E	U	A	Y	J	R	T	A	E	O	M	I	A	N
S	P	I	R	M	S	N	D	I	R	S	O	D	L	U
R	P	T	D	C	R	E	P	D	O	C	L	N	O	T
A	E	F	O	O	R	Y	H	J	O	N	A	A	C	C
M	P	T	C	A	N	G	T	C	C	E	S	C	O	R
U	C	P	G	N	U	Y	O	H	A	J	S	D	H	E
H	O	U	E	O	W	A	V	F	D	B	E	R	C	A
P	S	P	C	B	O	X	G	O	O	D	S	A	U	M
P	M	S	E	N	A	C	Y	D	N	A	C	H	H	S

BOX GOODS
BUTTERSCOTCH
CANDY BAR
CANDY CANES
CHOCOLATE
COCOA
COCONUT CREAMS
CONFECTIONS
COUGH DROPS
HARD CANDIES
MAPLE
MARSHMALLOW
MOLASSES
PEANUT
PENNY PIECES
PEPPERMINT
POPCORN
SOFT FRUIT
SUGARED ALMONDS
SWEET

THE INDIANA OGRESS

Without much else to do, Gunness and Sorenson claimed the insurance money which granted immediate payout.

PUZZLE NO. 150

Bridges

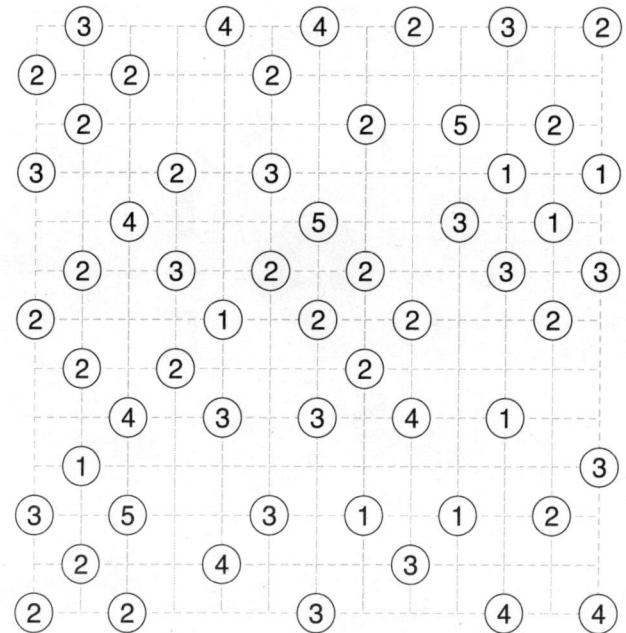

THE INDIANA OGRESS

The couple reportedly had four children together, but two were unfortunately said to have died as infants from acute colitis. Gunness and Sorenson collected on the life insurance policies for both infants.

At the time, no suspicions were raised, however – once Gunness gained a reputation – experts noted that the symptoms of acute colitis are eerily similar to poisoning.

PUZZLE NO. 151

Word Wheel

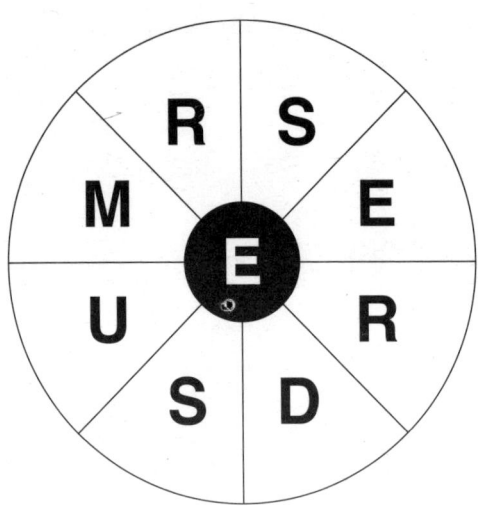

See how many words you can make out of the wheel!
(You must use 'E' in each word.)

CAN YOU GET THE 9-LETTER WORD?

THE INDIANA OGRESS

On the 13th June 1900, Gunness and her family were counted on the U.S. Census in Chicago. This regarded her as the mother of two children and the adoptive mother of a 10-year-old girl, Morgan Couch (who would later become known as Jennie Olsen).

PUZZLE NO. 152

A–Z Puzzle

THE INDIANA OGRESS

That same year (1900), the family's home burned down again. Once more, they collected the insurance money.

PUZZLE NO. 153

Pathfinder

E	E	C	Y	R	T	S	I	T	I
R	Y	H	N	I	S	A	U	O	L
I	T	O	I	N	Y	O	T	C	E
E	I	S	R	E	S	P	C	U	T
C	O	N	U	C	A	I	A	E	R
O	I	H	R	T	F	L	U	R	I
M	T	E	A	D	S	U	B	E	F
M	A	A	V	E	E	R	N	E	D
O	T	S	C	E	I	C	I	L	O
N	P	L	A	G	R	E	A	T	P

Acute Colitis, Autopsy, Burned, Commonplace, Curiosity, Devastation, Eerie, Fire, Great, Heart Failure, Policies, Strychnine

THE INDIANA OGRESS

In July 1900, Sorenson died of heart failure (according to the Sorenson's family doctor, who treated him for an enlarged heart).

However, the first doctor who saw him believed he may have suffered from strychnine poisoning. His death was, however, not classed as suspicious and no autopsy was carried out.

PUZZLE NO. 154

King's Journey

				76		70		67	
97				80					
100	98	93			78		72		63
		92			59		61		51
	89	86	57	56		54			
		2			46		48		39
			1	5		43			
11			6	23	29	30	41		36
				22				35	
	15	17	19	21					33

THE INDIANA OGRESS

Interestingly, Sorenson died on the one day where his two life insurance policies overlapped.

Gunness collected on both policies and received $8,500. In 2023, this was the equivalent of approximately $240,000.

PUZZLE NO. 155

Rectangles

								15						
		2	2				2	3						
	16			2		12				2		4		
			5						3					
				3			2							
		4											5	5
							5							
									10					
													6	
					30			7						
							4							
									2		30			
													8	
10			2			3			4					2
												15		

THE INDIANA OGRESS

Sorenson's family demanded an inquiry but no charges were filed.

Gunness decided to leave Chicago with her daughters.

PUZZLE NO. 156

Kakuro

THE INDIANA OGRESS

Gunness and her daughters went to La Porte, Indiana, where she purchased a 48-acre farm.

PUZZLE NO. 157

Kriss Kross

3 letters
Dam
Hog
Sow

4 letters
Boar
Gilt

5 letters
Crate
Ranch
Snout
Swine

6 letters
Barrow
Cutter
Piglet
Pigsty
Porker
Weaner
Worker

7 letters
Animals
Baconer
Rearing

8 letters
Domestic

9 letters
Gestation
Livestock

10 letters
Cultivator

THE INDIANA OGRESS

It wasn't long before Gunness met Peter Gunness (from whom she got her last name), who was also from Norway. They married in April 1902.

PUZZLE NO. 158

Sudoku

				9			6	
9		4						
	6					9		4
			3	2			5	
3			4		5			1
	5			8	9			
1		5					4	
						6		5
	3			7				

THE INDIANA OGRESS

However, less than a week after they married, Peter's infant daughter from a previous marriage unexpectedly died from uncertain causes.

PUZZLE NO. 159

Bridges

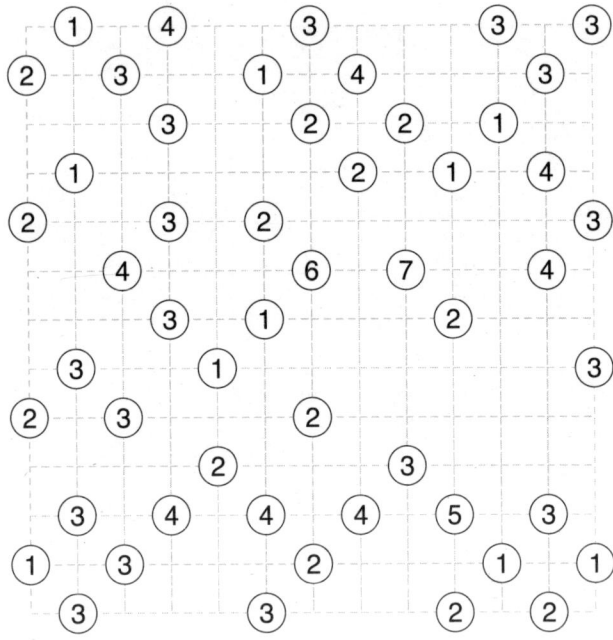

THE INDIANA OGRESS

Peter, himself, soon followed and died that December. Belle Gunness was once again a widow.

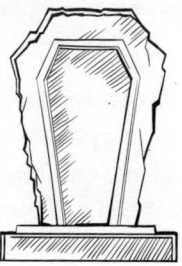

PUZZLE NO. 160

Wordsearch

Y	D	E	I	N	E	X	P	L	I	C	A	B	L	E
Y	E	L	I	X	M	A	N	T	R	A	G	E	D	Y
T	P	V	B	E	P	R	E	M	A	T	U	R	E	Y
I	A	W	A	M	A	Z	O	U	S	L	S	E	W	T
L	R	O	C	R	H	G	H	U	B	U	U	W	U	I
U	T	L	U	R	G	Z	O	Y	O	D	N	J	L	L
D	U	B	G	T	I	I	T	U	B	E	T	V	Y	A
E	R	H	A	Z	B	M	G	H	X	M	I	E	N	T
R	E	T	H	U	T	I	I	C	D	I	M	J	N	A
C	D	A	D	Z	B	Q	S	N	C	S	E	H	A	F
N	D	E	Z	M	O	L	X	M	A	E	L	N	C	H
I	N	D	A	U	N	U	S	U	A	L	Y	M	N	J
T	E	K	R	Q	M	Y	S	T	E	R	I	O	U	S
F	E	S	A	E	C	E	D	J	W	T	L	T	D	V
S	H	A	D	Y	F	S	U	S	P	E	C	T	Y	R

AMBIGUOUS
CRIMINALITY
DEATHBLOW
DECEASE
DEMISE
DEPARTURE
DUBIOUS
END
FATALITY
GRAVE
INCREDULITY
INEXPLICABLE
MYSTERIOUS
PREMATURE
SHADY
SUSPECT
TRAGEDY
UNCANNY
UNTIMELY
UNUSUAL

THE INDIANA OGRESS

Gunness claimed that Peter had fallen victim to a sausage grinder which had fallen upon his head from a wobbly shelf.

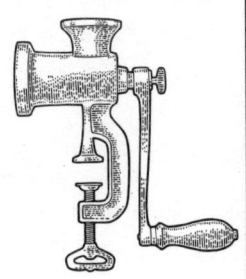

The coroner thought this was 'a little queer', but accepted the incident to be an accident. Gunness collected her second husband's life insurance policy.

PUZZLE NO. 161

A–Z Puzzle

THE INDIANA OGRESS

However, allegedly, Gunness' foster daughter, Jennie, told her schoolmates something a little different:

'My mama killed my papa. She hit him in the head with a meat cleaver and he died. Don't tell a soul.'

Authorities investigated, but Gunness was so convincing that no charges were filed. Jennie disappeared soon afterwards; Gunness claimed that she had sent the girl to school in California, however, there are no records of this.

PUZZLE NO. 162

King's Journey

						79			70
52					81		74	72	69
51		85			88	77			24
	58		100	95	90				
49		99		94					
		93				27		20	18
46		61	63			1		17	
			43				2	15	
	41	42	35	33			9	13	12
			32			7			

THE INDIANA OGRESS

Belle gave birth to a son named Philip. A year or so later, Peter's brother Gust arrived and took Peter's eldest daughter, Swanhild, with him to Wisconsin to be raised by her relatives.

PUZZLE NO. 163

Pathfinder

D	U	A	R	F	E	L	D	O	O
B	M	O	N	S	S	A	S	S	B
L	D	Y	E	A	B	N	O	I	G
O	O	D	N	G	U	T	I	N	N
E	C	E	I	L	H	C	T	A	I
I	Y	S	N	D	E	R	I	L	L
T	R	W	I	L	A	Y	K	E	R
B	E	A	E	S	U	G	H	T	R
E	H	C	R	T	E	S	P	M	E
T	R	A	Y	A	L	N	E	O	C

Assassination, Betrayal, Blood Money, Boodle, Butchery, Deceit, Fraud, Killing, Recompense, Slaughter, Swindling, Treachery

THE INDIANA OGRESS

In 1907, Gunness hired farmhand Ray Lamphere, to help with some of the chores around the farm. Rumour quickly spread throughout the town that their relationship was not strictly professional.

PUZZLE NO. 164

Rectangles

						5						8	
	15										13		
						4	4					13	2
		3							7	2		2	
							6						6
							6		7				
				16				2		4			
								6					
15		10				8							12
		11								7			
								16					
								2					
												2	2
								7	2				

THE INDIANA OGRESS

It was around this time that Gunness began writing columns in Norwegian-language newspapers. Such advertisements read:

"Personal — comely widow who owns a large farm in one of the finest districts in La Porte County, Indiana, desires to make the acquaintance of a gentleman equally well provided, with view of joining fortunes. No replies by letter considered unless sender is willing to follow answer with personal visit. Triflers need not apply."

PUZZLE NO. 165

Sudoku

			4			3		
				2		6	4	
					1			2
				9		2		3
3			5		7			9
4		8		1				
7			8					
	3	6		5				
		1		3				

THE INDIANA OGRESS

Later, neighbours would claim they saw no end of men heading to her land with their wealth but, only when the extent of Gunness' crimes were revealed did they seemingly realise they never saw any of these men leave.

PUZZLE NO. 166

Kriss Kross

5 letters
Daily
Media

6 letters
Critic
Layout
Weekly

7 letters
Article
Gazette
Tabloid

8 letters
Newsroom
Obituary
Printing
Relevant

9 letters
Editorial
Newspaper
Newsprint

11 letters
Publication

13 letters
Advertisement

THE INDIANA OGRESS

One man, however, was reported to have survived his encounter with Gunness. George Anderson, like many others, heeded Gunness' summons and arrived at her farm from Missouri with his money. However, Anderson said he awoke to a strange sight; Gunness had been leaning over his bed as he slept.

So startled by her 'ravenous expression', Anderson immediately fled, reportedly not even stopping for his belongings as he did so.

PUZZLE NO. 167

Bridges

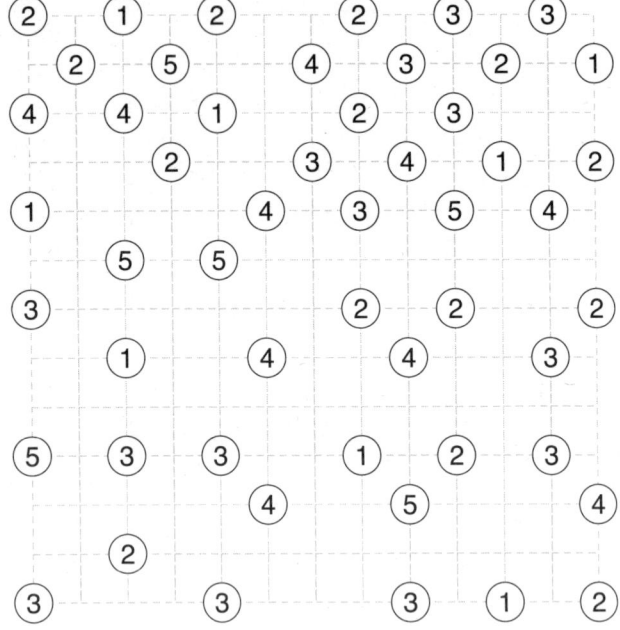

THE INDIANA OGRESS

Neighbours began to notice the fact that Gunness often spent much time out in her hog pen at night.

To her community, Gunness introduced the men who came to visit as cousins from Kansas, South Dakota, Wisconsin and Chicago. She was also exceedingly careful to ensure her children stayed away from these men.

PUZZLE NO. 168

Wordsearch

T	E	R	R	O	R	B	S	M	F	L	E	E	T	S
B	V	R	M	N	T	L	O	W	L	R	D	K	R	S
Z	F	N	B	I	X	I	O	L	E	H	N	B	E	O
F	E	A	R	J	S	X	L	K	T	O	O	R	P	E
S	W	Z	E	C	I	G	V	P	D	R	C	E	I	W
D	I	S	M	A	Y	E	I	K	S	R	S	P	D	O
L	A	L	A	R	M	W	I	V	B	O	B	R	A	R
E	S	C	A	P	E	M	Y	C	I	R	A	A	T	R
N	O	I	T	A	N	R	E	T	S	N	O	C	I	Y
V	S	V	T	U	O	R	A	E	L	C	G	S	O	Q
K	H	M	A	K	E	O	F	F	N	S	W	L	N	C
U	N	E	A	S	I	N	E	S	S	U	W	H	I	G
B	Y	B	P	E	F	R	I	G	H	T	R	N	P	O
S	Q	U	F	E	C	R	A	C	S	U	A	A	X	P
Q	O	Y	T	E	I	X	N	A	W	P	Y	M	E	E

ABSCOND
ALARM
ANXIETY
BOLT
CLEAR OUT
CONSTERNATION
DISMAY
ESCAPE
FEAR
FLEE
FRIGHT
HORROR
MAKE OFF
MISGIVING
PANIC
RUN
SCARCE
SCARPER
SPLIT
TERROR
TREPIDATION
UNEASINESS
WORRY

THE INDIANA OGRESS

Like others before him, Andrew Helgelien arrived in La Porte, Indiana on the 3rd January 1908.

Helgelien's brother, Asle, became suspicious when Andrew soon ceased replying to him. Gunness claimed that she did not know where he had gone, and suggested that he had left for Chicago or even gone back to Norway, but Asle didn't buy it and left, wary of Gunness.

PUZZLE NO. 169

A–Z Puzzles

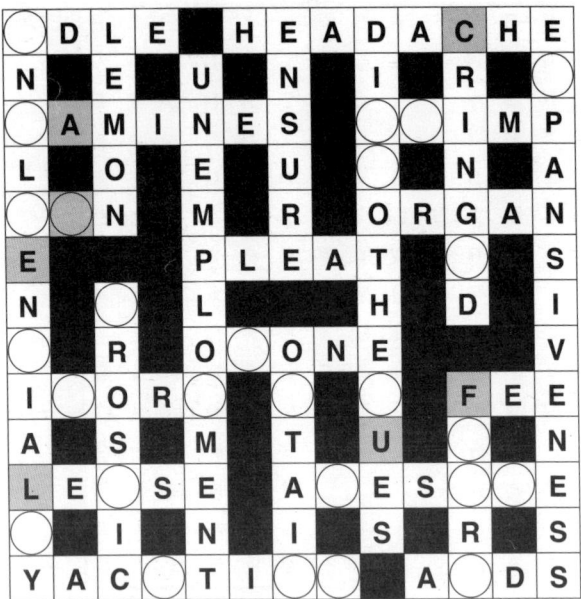

THE INDIANA OGRESS

Around this time, Gunness began to develop issues with her farmhand, Ray Lamphere, who had allegedly developed romantic feelings for her and resented the men who continued to turn up.

On the 27th April 1908, Gunness is documented to have approached an attorney in La Porte, claiming her jealous farmhand had recently been fired – a fact which had caused him to go mad. Gunness then claimed that she needed to make a will, because Lamphere had threatened her life.

PUZZLE NO. 170

Kakuro

THE INDIANA OGRESS

Prior to her trip to the attorney, back in February, Gunness had hired another farmhand, Joe Maxon. The day after Gunness paid a visit to the attorney, Maxon awoke in the farmhouse to the smell of smoke. He called out for the rest of the household and jumped from the second storey window, narrowly surviving the fire. He raced for help but, by the time it arrived, the house was little more than smoking ruins which contained four skeletons.

PUZZLE NO. 171

King's Journey

	66			38					
	68		72	73		36	34		24
	69	79		76				29	
		81				41		30	
61				83	44			21	
	88	89				43			17
			97	100		1		16	15
		94		99		3			13
56					48				11
55				50			6		

THE INDIANA OGRESS

Three were swiftly identified as Gunness' children, but the fourth (though believed to be Gunness herself) was inexplicably missing its skull.

Lamphere was charged with murder and arson, though he lamented that he had nothing to do with it. However, a boy from the town claimed to have seen him running down the road from Gunness' just before the building erupted in flames and Lamphere, though cleared of murder, was ultimately found guilty of arson.

PUZZLE NO. 172

Pathfinder

E	H	A	H	A	R	T	N	E	E
V	C	T	D	P	A	T	I	O	G
I	D	E	E	P	C	R	O	N	N
T	A	N	B	R	I	C	H	R	A
E	I	C	A	O	C	E	E	R	A
D	T	E	F	N	O	S	S	S	H
E	I	N	P	S	P	M	T	I	L
V	Y	I	I	P	P	O	R	A	B
I	C	A	R	U	L	C	E	T	A
S	E	S	E	T	A	N	E	S	T

Arrange, Compose, Conspiracy, Devise, Entrapped, Establish, Evidence, Fabrication, Hatch, Initiate, Orchestrate, Plan, Set Up

THE INDIANA OGRESS

Asle Helgelien read about the fire in the newspaper and immediately rushed back to the farm in the hopes of finding his brother. Even when it became clear that Asle's brother Andrew was not there, he felt he could not leave. He assisted the police as they sorted through the rubble and watched as they found eight men's watches, assorted bones and human teeth.

Helgelien then asked one of Gunness' farmhands whether he knew of any hole or dirt having been dug up around the spring.

PUZZLE NO. 173

Rectangles

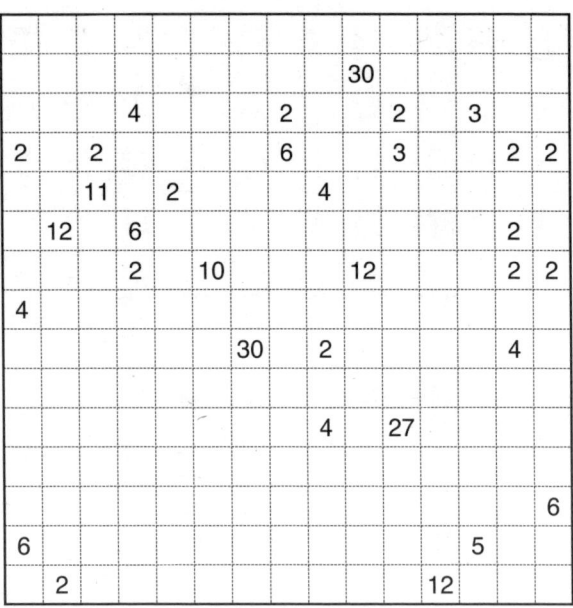

THE INDIANA OGRESS

The farmhand did. He led Asle to a patch of overturned earth and helped him dig into the soft dirt around the hog pen that Gunness had asked him to level – to cover the 'trash'.

To both men's horror, they soon discovered Andrew Helgelien's head, hands and feet stuffed into an oozing sack.

PUZZLE NO. 174

Word Ladder

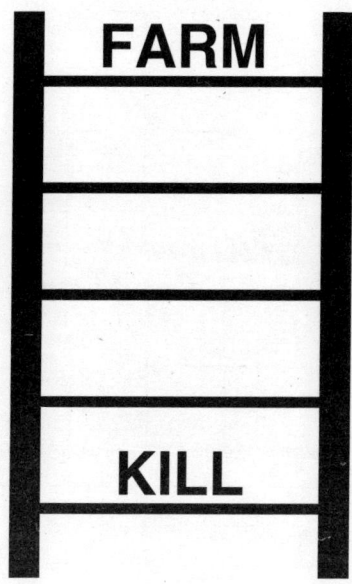

THE INDIANA OGRESS

Over the next two days, investigators found a total of 11 burlap sacks containing body parts. Not all could be identified, but they did identify the body of Gunness' foster daughter, Jennie Olsen, who'd supposedly left for California.

PUZZLE NO. 175

Kriss Kross

4 letters
Evil
Foul
Vile

6 letters
Burlap
Sinful
Wicked

7 letters
Corrupt
Hateful
Heinous
Hellish
Rattled
Vicious

9 letters
Appalling
Grotesque
Mutilated
Nefarious

10 letters
Unpleasant
Villainous

THE INDIANA OGRESS

It was evident that Gunness was responsible for some of the most horrific and unspeakable crimes to have been seen.

Following the fire, as her victims were unearthed from their shallow graves beside the pig pen, the body count grew and grew until the remains of more than forty men and children were found.

PUZZLE NO. 176

Sudoku

	3			4		7		
8		4	9		5	6		
	6						2	4
			1				3	
				5				
	5				3			
5	8						6	
		6	3		8	5		1
		7		9			8	

THE INDIANA OGRESS

In prison, Ray Lamphere continued to claim that he knew nothing about the so-called 'house of crime', and that he never saw Gunness kill anybody – nor did he know that she had.

PUZZLE NO. 177

Bridges

THE INDIANA OGRESS

However, on his deathbed, Lamphere admitted to a fellow inmate that Gunness had killed forty-two men who came to her farm.

She would invite them to stay, spike their coffee and 'bash their heads in' before cutting them up and putting them into sacks for Lamphere to 'plant'.

PUZZLE NO. 178

Wordsearch

L	L	E	D	I	S	C	L	O	S	E	J	Z	B	Y
T	N	E	M	E	G	D	E	L	W	O	N	K	C	A
S	S	E	F	O	R	P	M	E	L	T	T	A	T	D
A	F	Z	Z	S	C	C	E	S	O	P	X	E	F	E
V	O	C	F	Q	O	M	C	R	A	D	F	J	D	C
O	V	U	O	N	R	I	A	S	M	E	Z	I	H	L
W	S	W	C	N	S	K	S	K	S	G	V	F	Z	A
L	F	E	W	L	F	E	L	S	E	U	M	U	G	R
W	D	H	L	Z	R	E	I	A	L	K	X	Z	X	E
E	P	I	S	T	S	N	S	G	E	H	N	X	X	S
X	P	A	A	O	G	Z	E	S	V	V	D	O	U	M
S	W	N	A	R	R	A	T	E	I	R	E	A	W	G
A	D	M	I	T	T	A	N	C	E	O	G	R	J	N
Y	A	E	O	L	A	Y	B	A	R	E	N	E	B	I
A	T	T	E	S	T	B	B	L	A	B	B	I	N	G

ACKNOWLEDGEMENT
ADMITTANCE
ASSERT
ATTEST
AVOW
BLABBING
CONCEDE
CONFESSION
DECLARE
DISCLOSE
DIVULGE
EXPOSE
FESSING
LAY BARE
MAKE KNOWN
NARRATE
PROFESS
REVEAL
SPILL
TATTLE

THE INDIANA OGRESS

Lamphere also claimed that Gunness had planned the entire thing – the fire, her disappearance – and that she'd fled town right after, withdrawing the majority of her money from bank accounts just before she set Lamphere up to take the fall when she claimed he'd threatened her while at the attorney's office.

He told the man that the headless corpse found in the fire had belonged to a woman Gunness had lured from Chicago to be a housekeeper, just days before.

PUZZLE NO. 179

King's Journey

28			32		39				
	30					50			44
	34		53	54	55			48	
		65				61			
24			69	70	71		73	59	1
				88	79		76		
		96		99					
			97	100				10	
19			94	85		82			
	17					12			6

THE INDIANA OGRESS

Indeed, the corpse was regarded by many as far too small for Gunness' renowned, large frame – despite how it wore her clothing and her false teeth were found nearby.

When word of the gruesome case spread, many curious onlookers reportedly rushed to La Porte to visit the farm, which became an attraction of sorts. Vendors are reported to have sold ice cream, popcorn, cake and something called 'Gunness Stew' to the visitors.

PUZZLE NO. 180

Pathfinder

A	E	I	H	X	E	S	R	O	T
T	F	B	I	G	H	E	C	S	I
U	T	I	T	I	T	C	R	I	V
R	S	N	S	S	S	I	E	A	M
E	E	T	K	R	A	M	D	N	A
S	R	E	S	I	R	U	O	T	L
P	E	S	M	K	E	A	T	T	N
E	L	E	V	A	C	E	M	R	O
C	C	N	R	S	T	N	E	A	I
T	A	D	O	A	M	U	S	C	T

Amusement, Attraction, Cake, Exhibit, Feature, Ice Cream, Interest, Landmarks, Sights, Spectacles, Tourism, Vendors, Visitors

THE INDIANA OGRESS

"Gunness" was sighted many times over the coming decades, adding fuel to Lamphere's claims that she'd faked her own death. In 1931, one witness described her as being alive and well in a town in Mississippi, where she was allegedly a prominent citizen.

Eerily, also in 1931, a woman named Esther Carlson was arrested in Los Angeles for poisoning a Norwegian-American man. She died of tuberculosis while awaiting trial but many have noted the similarities to Gunness' own methods.

PUZZLE NO. 181

Rectangles

								2				
	30								8		4	4
							2					
							3					
					28				3	2		
												20
5						4						
						10						
					6							
		8						9		2		
2	2							12				3
								12				
		4				7						
	2	4						3		6	2	
	2				8	6						

THE INDIANA OGRESS

In 2007, anthropologists and graduate students from the University of Indianapolis attempted to uncover the truth. With permission, they exhumed the body from its grave with the hopes of matching the DNA to the DNA on envelopes Gunness was said to have licked. Unfortunately, they were unsuccessful and the mystery remains unanswered.

Of all the children to live with Belle, Peter's eldest daughter, Swanhild, is thought to have been the only one to survive.

PUZZLE NO. 182

Kakuro

THE DISGRACED BUSINESSMAN

Bernard 'Bernie' Madoff founded his Wall Street Firm – Bernard L. Madoff Investment Securities LLC – in 1960, shortly after leaving college. By 2008, it would become a multibillion-dollar family business.

Supposed miracle-maker, Madoff's statements showed investors that he always went into cash before the market turned down – something no one else seemed capable of. Showing smooth annual returns of 15-16 per cent, per year, no volatility and with ultimately only 4 per cent of months 'down months', investors flocked to Madoff's company.

By 2008, Madoff's net worth was estimated to be around $64.8 billion (£47 bn). However, following the financial and real estate crash of that same year, many investors needed to suddenly access their money, only to discover that Madoff could not provide it to them. Ponzi schemes depend on a constant flow of new money, and no new investors were interested given the financial climate of the time. The scheme's name comes from Italian businessman, Charles Ponzi, who became a millionaire by promoting a non-existent investing opportunity.

Though it is unclear exactly when Madoff began his Ponzi scheme – or if his company was ever legitimate – he claims he started it in 1990. Federal investigators, however, believe it is likely that it may have begun as early as the mid-1970s.

Madoff initially dealt in penny stocks to avoid hefty fees. He secured one of his first major investors, Carl J. Shapiro – owner of the successful women's apparel company – early on, in 1960. This signalled the start of their relationship as friends and business partners. Over the next fifty years, Shapiro reportedly came to view Madoff as a son and provided him with access to wealthy investors who were instrumental to Madoff's success. However, he, too, would eventually fall victim to Madoff's scheme; Shapiro lost over half a billion dollars through his investments in Madoff's firm.

THE DISGRACED BUSINESSMAN

Bernie Madoff was born on the 29th April 1938 in Queens, New York, United States.

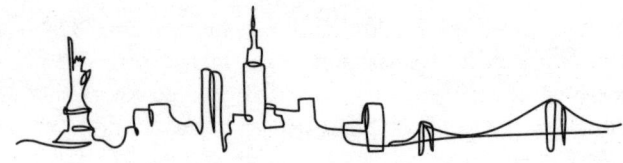

PUZZLE NO. 183

Kriss Kross

4 letters
Fame
Sale
Scam

5 letters
Fraud
Ponzi

6 letters
Broker
Client
Crisis
Madoff
Scheme

7 letters
America
Destroy
Federal
Finance
Offence
Scandal
Victims

9 letters
Celebrity
Deception

10 letters
Investment

THE DISGRACED BUSINESSMAN

He completed his degree in 1960 and, using the money he had saved from temporary jobs (such as lifeguarding and installing sprinkler systems), took a large loan from his accountant father-in-law to open his own firm – Bernard L. Madoff Investment Securities LLC.

PUZZLE NO. 184

Sudoku

9					2		3	
		3	4					8
8			5					
		6			9		1	
5				4				2
	1		2			7		
					6			4
6					8	1		
	8		9					5

THE DISGRACED BUSINESSMAN

The firm initially dealt in penny stocks to avoid large fees.

PUZZLE NO. 185

Bridges

THE DISGRACED BUSINESSMAN

Madoff first met Carl J. Shapiro, well-regarded philanthropist and successful textile baron, in 1960. Reportedly a big believer in entrepreneurship, Shapiro wanted to help Madoff start his investment business and made an investment with the then 22-year-old.

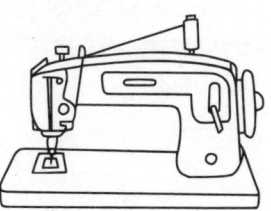

PUZZLE NO. 186

Wordsearch

```
V A N I T Y F A I R G O H C T P
R T R O P P U S A T R O P M I L
K B N Y P O R H T N A L I H P B
A L A T G N I H T O L C S V E C
Y U M U B A O S N I E R O N X I
W F S E E Y T I V E U X E T M T
I S S L N E E V T E Z F F A E S
N S E I E U Q G N A A C J P N I
D E N T V E B E A C R R E S T U
S C I X O A R L T T X O P I O R
O C S E L P R I R R N U P G R T
R U U T E T O S W R Z I Y R C L
Y S B R N N G I V I N G V K O A
T L T O T F P B F A R D A G K C
E N E M A N U F A C T U R E R P
E U I N V E S T O R P A R L L A
```

ALTRUISTIC
BENEFACTION
BENEVOLENT
BUSINESSMAN
CLOTHING
CORPORATION
ENTREPRENEURSHIP
GIVING
IMPORT
INVESTOR
KAY WINDSOR
MANUFACTURER
MENTOR
PHILANTHROPY
SUCCESSFUL
SUPPORT
TEXTILE
VANITY FAIR
VINTAGE

THE DISGRACED BUSINESSMAN

With a taste of larger investments, Madoff decided to use his network to pull in more money and placed commercial agents among privileged groups to draw in even more.

PUZZLE NO. 187

Word Wheel

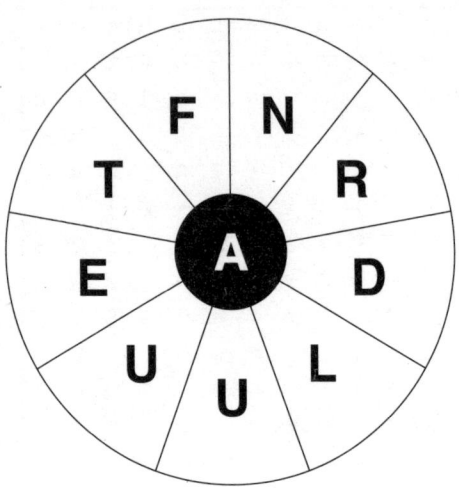

See how many words you can make out of the wheel!
(You must use 'A' in each word.)

CAN YOU GET THE 10-LETTER WORD?

THE DISGRACED BUSINESSMAN

The first in were his father-in-law, Saul Alpern, and two young accountants, Frank Avellino and Michael Bienes, who worked for Madoff. None had a license to raise funds and, as such, were already breaking the law at this point.

Nonetheless, they promised a return of 19 per cent, regardless of the stock market's current state.

PUZZLE NO. 188

A–Z Puzzle

THE DISGRACED BUSINESSMAN

Alpern helped Madoff recruit clients for commission. Though Madoff seemed to be offering seemingly impossible financial gains to investors, the irresistibility of his promises led many to overlook the business model.

PUZZLE NO. 189

King's Journey

		65	40		35			27	
	66					36		28	
		84					31		24
60		86			71	43			
	91	90	88		72		22		18
					73				
57	99			79		46	16		
	100		95	78					12
54				76		9	1	5	4
			49						

THE DISGRACED BUSINESSMAN

They continued these methods and, as time went on, Madoff moved to where the big money could be found; at the time, Palm Beach Country Club residents played home to more millionaires per square inch than anywhere else in the world. With Shapiro's help, Madoff arrived in Florida as an already well-respected figure on Wall Street.

PUZZLE NO. 190

Pathfinder

D	N	U	F	S	U	O	I	P	O
I	T	O	R	L	U	E	N	C	C
N	A	E	R	F	I	S	U	E	D
G	G	V	A	F	O	N	F	P	L
U	N	E	D	R	E	S	O	R	O
E	U	L	O	A	C	U	T	Y	G
S	S	A	H	A	L	R	I	C	H
U	N	E	P	P	M	B	E	A	B
B	I	N	D	A	I	R	Y	T	O
S	T	A	N	C	E	Y	M	N	U

Affluence, Bounty, Copious, Funding, Gator, Gold, Hoard, Myriad, Palm Beach, Peninsula, Profusion, Revenue, Security, Substance

THE DISGRACED BUSINESSMAN

Madoff quickly gained a cult following. When dining out, strangers reportedly frequently approached to talk about money. His public persona only helped to further boost his image.

PUZZLE NO. 191

Rectangles

			4			6			2				
2	13	2	2		5		3						
								4		6			
				5		6							24
							4				10		
			24					2	5				
				5				2					
13						8							
					3							4	
					2								
					2				30				3
	2			2		10							
							5				5		

THE DISGRACED BUSINESSMAN

By 1992, Avellino and Bienes alone managed to pull in a large sum of money on Madoff's behalf.

The sales strategy remained the same.

PUZZLE NO. 192

Kakuro

THE DISGRACED BUSINESSMAN

Alpern eventually began to act as a conduit for the company, investing money from several clients under his own name to make it appear like Madoff had fewer investors.

The firm avoided scrutiny from the Securities and Exchange Commission (SEC) as Madoff seemingly had very few clients, and relied on a pool of elite investors which included the likes of celebrities, including Steven Spielberg, Kevin Bacon, Larry King and more.

PUZZLE NO. 193

Kriss Kross

3 letters
Con

4 letters
Bent
Fake
Ruse
Scam

5 letters
Cheat
Guile
Money
Shady

6 letters
Extort

7 letters
Illegal
Swindle

8 letters
Criminal
Flimflam
Trickery

9 letters
Deception

10 letters
Corruption
Dishonesty
Misconduct

12 letters
Embezzlement

THE DISGRACED BUSINESSMAN

During the early 1990s, one concerned investor did contact the SEC, however. This brought charges against Avellino and Bienes – the authorities suspected a Ponzi scheme.

To their surprise, however, $440 million was returned to the firm's clients, alleviating suspicions. The SEC didn't ask how they were able to do this. Nor did they investigate Madoff's affairs – where proof of the fraud undeniably waited.

PUZZLE NO. 194

Sudoku

		4				2	1	9
	5				9			4
		1			7			
4	7		9					
5				3				6
					6		9	5
			1			4		
1			6				8	
3	2	9				6		

THE DISGRACED BUSINESSMAN

Following this, *The Wall Street Journal* contacted Madoff. He, delighted to speak with them, claimed that he had found a magical formula which allowed him to generate money even when the markets were on the down.

He also claimed that he was unaware that Avellino and Bienes were not licensed brokers.

PUZZLE NO. 195

Bridges

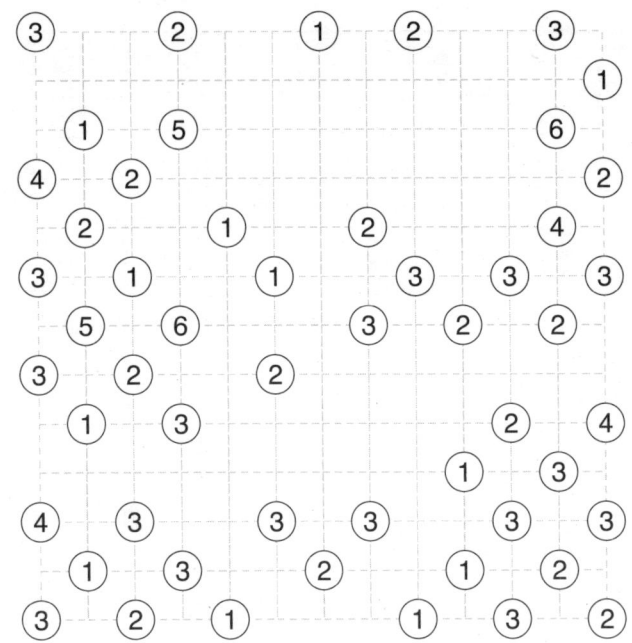

THE DISGRACED BUSINESSMAN

The Wall Street Journal took the story as Madoff told it and the SEC's investigation came to a halt. Madoff was allowed to continue, business as usual, while Bienes and Avellino's operations were closed.

PUZZLE NO. 196

Wordsearch

```
N Q W B W A N A L Y S I S O E
O S C R U T I N Y J R Y X Q U
I E N O I T A G I T S E V N I
T K N I N Q U E S T U N H I K
A R B I Z U C C P K O R E R E
R E A L M L I R T I Q Y Q E Y
O S D U C A S Z T V Z R W C R
L E Z G D T X A I M M I P O E
P A V S U I N E Z E B U R N V
X R F D Y I T K S D D Q O C I
E C Y F M F D S O S K N B I E
Q H T A N T S H J G O I E L W
N M X E D E L V I N G R E E R
L E I N S P E C T I O N C Y H
Z X O Y N O I T I S I U Q N I
```

ANALYSIS
AUDIT
CROSS-EXAMINE
DELVING
EXAMINATION
EXPLORATION
INQUEST
INQUIRY
INQUISITION
INSPECTION
INVESTIGATION
PROBE
RECONCILE
RESEARCH
REVIEW
SCRUTINY
STUDY

THE DISGRACED BUSINESSMAN

In Bienes and Avellino's place, Madoff turned to Carl Shapiro's son-in-law. He also lowered his promised returns to a more reasonable percentage after a year.

PUZZLE NO. 197

A–Z Puzzle

A B C D E F G H I J K L M N O P Q R S T U V W X Y Z

THE DISGRACED BUSINESSMAN

People believed Madoff and continued to invest with his company. Soon, his network included members of European royalty. Madoff met the French aristocrat René Thierry Magon de la Villehuchet and, in the coming years, Villehuchet invested the majority of his money in Madoff's scheme.

PUZZLE NO. 198

King's Journey

				4	3		1	39	
9			46			43		40	
11	48			77					
					94			89	
	51		79	84	95		92	90	34
14			80			100			
15						97		66	
				71				64	
	20		56		61	62		30	
18				23					28

THE DISGRACED BUSINESSMAN

In the early-2000s, financial analyst and independent fraud investigator, Harry Markopolos, informed the SEC that he could prove that it was impossible – legally and mathematically – for Madoff to achieve the gains he claimed. However, Markopolos was ignored for years.

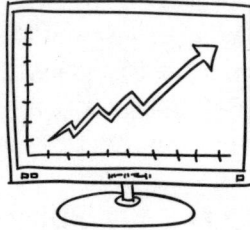

PUZZLE NO. 199

Pathfinder

K	R	I	H	S	E	C	N	A	R
D	P	R	S	I	E	C	G	N	O
I	M	E	N	B	L	L	I	D	E
S	O	H	E	G	N	U	E	O	N
R	C	N	I	L	U	B	L	I	T
E	G	I	N	G	C	E	E	E	S
R	A	S	R	B	N	A	S	U	Q
D	O	U	U	S	I	D	S	U	N
E	I	V	I	H	O	V	A	G	U
D	O	B	L	O	F	F	S	H	R

Avoidance, Brush Off, Bungling, Clueless, Disregarded, Ignorance, Incomprehensible, Oblivious, Shirk, Shrug, Unquestioned

THE DISGRACED BUSINESSMAN

Several members of Madoff's family, including his own two sons, were employed by the company. His niece, Shana Madoff – the firm's compliance attorney – married Eric Swanson, Assistant Director of the Office of Compliance Investigations and Examinations at the SEC, in 2007. The two were brought together by frequent meetings and Swanson, in an email to his supervisor reporting his relationship with Shana, reportedly wrote: 'I guess we won't be investigating Madoff anytime soon'.

PUZZLE NO. 200

Rectangles

10		3	4				2	2				
									4		4	
				2			3					
		3				15			3		4	4
		3										
			24				12				9	
	13								2			
									4			
		4						6				
4			21				12					
								3		2		2
					5	7						
		13										2
					14							

THE DISGRACED BUSINESSMAN

Subsequent investigations were allegedly plagued with incompetence, a lack of financial expertise and failed communication between the SEC departments.

PUZZLE NO. 201

Kriss Kross

4 letters
Loss
5 letters
Sales
6 letters
Agenda
Market
Profit
7 letters
Affairs
Capital
Digital
Product
Recruit
Service
8 letters
Branding
Commerce
Consumer
Industry
Leverage
Research
Vocation
9 letters
Directors

THE DISGRACED BUSINESSMAN

Aside from Madoff's own bank – JP Morgan – none of the major Wall Street firms would invest or trade with Madoff and did not believe that the numbers were real.

In 2014, JP Morgan were fined $2 billion for their involvement – to help compensate Madoff's victims.

PUZZLE NO. 202

Sudoku

5			4	7	3			
						6		1
	2				5			
		4					6	
3	6			8			7	2
	7					9		
			1				4	
8		2						
			2	4	9			6

THE DISGRACED BUSINESSMAN

After years of incompetent investigations by the SEC, Madoff knew that both his scheme and the economy were starting to crumble in 2008.

PUZZLE NO. 203

Bridges

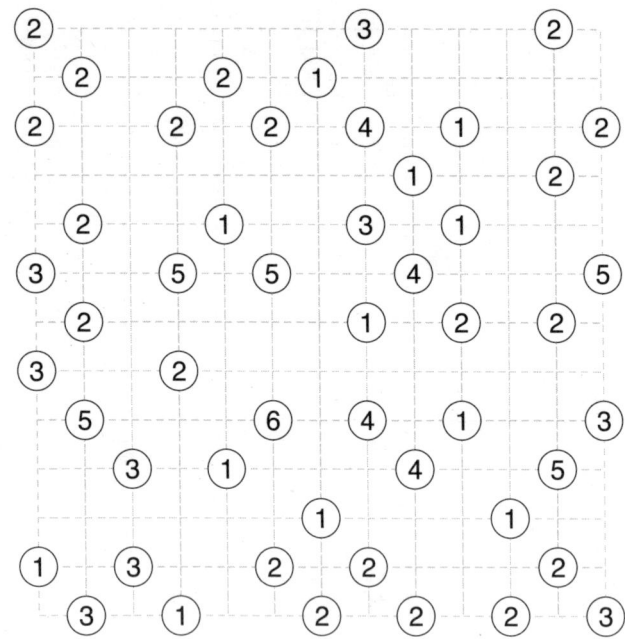

THE DISGRACED BUSINESSMAN

True enough, spooked clients began requesting returns that Madoff didn't have left to give. While his books said that he had $64 billion, most of this was fictitious.

He told a senior employee that he was having trouble coming up with the money to fulfil the withdrawals.

PUZZLE NO. 204

Wordsearch

G	T	H	O	U	S	A	N	D	S	V	X	E	C	E
S	B	W	D	A	Q	Y	S	T	P	D	M	H	C	E
D	I	H	H	Y	J	U	E	R	R	S	U	N	L	O
E	B	S	U	M	L	S	O	L	E	N	A	I	E	Y
R	Q	S	N	P	V	F	E	V	K	D	P	Z	H	T
D	Y	W	R	O	U	O	O	L	N	X	C	Y	F	I
N	D	U	V	S	I	R	L	U	D	L	I	O	L	C
U	S	S	I	I	D	L	B	U	E	O	R	C	S	I
H	B	O	M	D	K	A	L	R	M	T	O	L	N	L
V	N	N	Y	A	R	C	R	I	U	E	E	Q	O	P
N	A	A	R	E	E	A	A	N	M	W	R	Z	I	I
V	P	R	P	S	B	R	E	T	A	Y	Q	Y	L	T
E	D	U	T	I	N	E	L	P	S	K	T	M	L	L
N	S	E	P	L	E	T	H	O	R	A	Z	T	I	U
I	N	R	F	Q	U	A	N	T	I	T	Y	E	B	M

BARREL
BILLIONS
CHUNK
DROVES
FORTUNE
HUNDREDS
MILLIONS
MULTIPLICITY
OODLES
PILE
PLENITUDE
PLETHORA
PROFUSION
QUANTITY
REAMS
SLEW
STACK
SUPERABUNDANCE
SURPLUS
THOUSANDS
VOLUME

THE DISGRACED BUSINESSMAN

On the 25th November 2008, Madoff's wife, Ruth, withdrew $5.5 million from a Madoff-linked brokerage firm.

She withdrew a subsequent $10 million on the 10th December 2008.

PUZZLE NO. 205

Kakuro

THE DISGRACED BUSINESSMAN

That same day, Madoff met with his two sons to discuss their end-of-year bonuses (which totalled millions). He claimed he wanted to give them to the pair earlier than scheduled.

PUZZLE NO. 206

A–Z Puzzle

A B C D E F G H I J K L M N O P Q R S T U V W X Y Z

THE DISGRACED BUSINESSMAN

Suspicions raised, Madoff's sons questioned where the money had come from.

PUZZLE NO. 207

King's Journey

			1			4			
47			43	35		14	13	9	8
48			56						
		73				37			
53	92								17
			90		70			30	
	100	94		76		67		29	
98			87			66	61		
	85								
83			79				25	23	

THE DISGRACED BUSINESSMAN

Madoff finally admitted that it came from an area of the business that they were not involved in and confessed to the elaborate Ponzi scheme.

At that time, he estimated the fraud to be $50 billion.

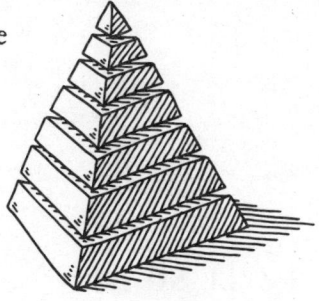

PUZZLE NO. 208

Pathfinder

C	E	E	D	A	S	S	E	N	T
N	D	I	U	B	N	U	E	N	I
E	E	N	R	F	O	R	R	G	T
G	L	E	D	N	I	M	U	S	E
V	U	N	M	E	D	A	D	O	L
I	N	I	I	A	L	I	M	L	L
D	G	P	O	S	C	S	S	C	D
S	E	X	R	U	O	O	I	S	I
S	O	R	E	P	R	N	O	W	N
E	F	P	Y	R	O	T	S	P	U

Admission, Assenting, Denied, Disclosure, Divulgence, Exposure, Inform, Own Up, Proclaimed, Profess, Story, Tell, Unburdening

THE DISGRACED BUSINESSMAN

Madoff's sons were appalled.

They refused the money and instead reported their father to the federal authorities.

PUZZLE NO. 209

Rectangles

2									5		
2		25							2		
									2	2	4
4	5										
2								10			
			4						2		
		12								2	2
					20		7		9		
	12										
								5			
					22						
		8				2			6		
										5	
2									26		
	2		2		4			4		2	

THE DISGRACED BUSINESSMAN

FBI agents arrested Madoff the very next day. He is reported to have told them that 'there is no innocent explanation'.

When Madoff was arrested in 2008, French aristocrat Villehuchet committed suicide. He lost an estimated $1.4 billion.

PUZZLE NO. 210

Crossword

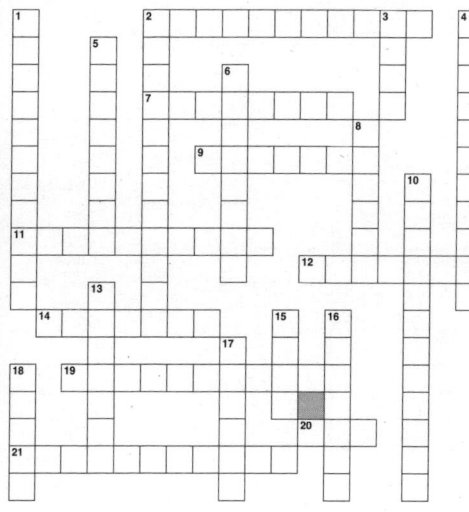

Across

2 - Highest class in society (11)
7 - Apprehended (8)
9 - Brutality (7)
11 - Contained (10)
12 - Not conforming to accepted standards of moral conduct (7)
14 - Unlawful (7)
19 - Without guilt (11)
20 - Sum charged (3)
21 - Insensitivity (11)

Down

1 - Prominent (4,7)
2 - Unfriendly (12)
3 - A legal action, to be reviewed in a court (4)
4 - Fraudulently (11)
5 - Trickster (8)
6 - Informed upon (8)
8 - A complex whole (6)
10 - Give a false account of (12)
13 - Against the law (7)
15 - Earnest appeal (4)
16 - Examine (7)
17 - Small carnivorous mammal (6)
18 - Block of wood (5)

THE DISGRACED BUSINESSMAN

The day after that, a federal judge froze Madoff's assets. By the 15th December, a trustee was appointed to find funds to restore Madoff's victims.

Soon after, Madoff and his wife, Ruth, surrendered their passports.

PUZZLE NO. 211

Kriss Kross

4 letters
Bail
Jury

5 letters
Doubt
Guilt
Judge
Swear

6 letters
Answer
Appeal

7 letters
Counsel
Lawsuit
Lawyers
Verdict
Witness

8 letters
Evidence
Petition

9 letters
Innocence
Per Curiam

10 letters
Proceeding
Reasonable

THE DISGRACED BUSINESSMAN

Shortly after his arrest, Madoff was released on bail and joined his wife in packing up their personal and family items and sent them to their sons.

Madoff was confined to his $7 million Manhattan apartment and was ordered to wear an electronic tag.

PUZZLE NO. 212

Sudoku

6	1		9					
7		3	4				1	
						3	2	
						4		1
	3			2			5	
9		7						
	8	4						
	2				5	6		8
					8		3	2

THE DISGRACED BUSINESSMAN

Years later, Ruth Madoff claimed that she and her husband attempted suicide on Christmas Eve that same year, but woke unharmed from what they had hoped would be a lethal overdose.

PUZZLE NO. 213

Bridges

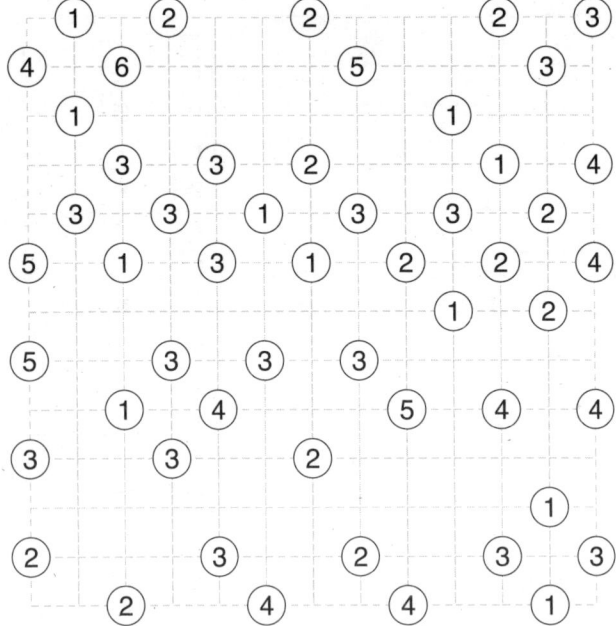

THE DISGRACED BUSINESSMAN

In January 2009, prosecutors revealed that belongings distributed by Madoff were worth $1 million – a violation of the order to freeze his assets.

Also that month, at the time of his arrest, Madoff had $173 million in signed cheques on his desk – which was argued to prove that he sought to keep assets from investors. The judge ignored the prosecutor's calls to send Madoff to jail and permitted Madoff to remain under house arrest.

PUZZLE NO. 214

Wordsearch

B	G	U	Y	M	A	F	N	I	I	D	J	Y	C	P
F	C	N	I	U	W	J	E	D	E	N	H	C	R	S
L	A	P	I	H	O	T	J	R	O	T	M	U	I	M
E	M	I	O	O	I	W	E	I	R	W	I	L	M	I
M	J	B	L	R	D	L	Q	O	R	Z	S	P	I	S
A	D	U	T	I	I	G	W	O	M	W	S	A	N	C
H	G	N	O	C	N	E	N	F	V	X	T	B	A	O
S	O	N	T	P	M	G	W	O	A	E	E	I	L	N
C	U	I	L	A	F	I	L	S	R	U	P	L	I	D
S	O	J	L	U	H	H	U	P	A	W	L	I	T	U
N	A	B	L	I	N	I	Q	U	I	T	Y	T	Y	C
J	E	C	I	T	C	A	R	P	L	A	M	Y	B	T
K	Y	T	I	L	I	B	I	S	N	O	P	S	E	R
S	M	B	O	S	S	E	N	I	T	L	I	U	G	L
E	N	O	I	T	E	R	C	S	I	D	N	I	D	X

BLAMEWORTHY
CONTRITE
CRIMINALITY
CULPABILITY
DERELICTION
FAILING
FAULT
GUILTINESS
INDISCRETION
INFAMY
INIQUITY
MALPRACTICE
MISCONDUCT
MISSTEP
ONUS
RESPONSIBILITY
SHAME
WRONGDOING
WRONGFUL

THE DISGRACED BUSINESSMAN

On the 12th March 2009, Madoff pleaded guilty to 11 different crimes, including business securities fraud, mail fraud, wire fraud, money laundering, perjury, giving false statements and making false filings with the SEC.

He also revealed his wife's fortune, prompting plans to seize the assets held in Ruth's name, worth at least $69 million.

PUZZLE NO. 215

King's Journey

13					21				
	16			51	52	53		27	26
		49		60				55	
		62			82	81	79		
9	47		84						
	46	65			100	99			31
	45			95			91		
					89		75		
			68			72			
1	3		42		40			36	

THE DISGRACED BUSINESSMAN

More than one hundred former clients who lost money in Madoff's Ponzi scheme outlined the devastation wreaked on their lives in statements to the judge.

Madoff was sentenced to 150 years in prison at 71 years old on the 29th June 2009.

PUZZLE NO. 216

Pathfinder

R	E	V	O	S	R	E	R	A	E
T	I	M	E	V	T	I	L	E	B
U	S	P	R	I	C	M	A	T	S
R	R	L	O	C	T	C	O	E	A
E	E	W	U	A	S	E	N	L	P
S	O	O	S	A	Q	U	J	E	R
I	L	L	I	L	E	R	U	L	D
C	E	B	T	Y	O	N	R	E	E
I	L	T	S	S	I	T	A	N	R
T	W	H	I	U	F	F	E	R	E

Causality, Conjuration, Implore, Needler, Overture, Pleas, Request, Solicit, Sufferer, Talebearers, Victim, Whistleblowers

THE DISGRACED BUSINESSMAN

Bernie Madoff is now known for leading the largest Ponzi scheme in history, with at least 37,000 victims across 136 countries.

On the second anniversary of Madoff's arrest, his 46-year-old son – Mark – committed suicide. His other son, Andrew, said 'the scandal (...) killed my brother very quickly. And it's killing me slowly'. Andrew went into remission and died of cancer in 2014. He blamed the relapse on the stress of living with his father's scam.

PUZZLE NO. 217

Rectangles

2				2	20								
			6										
							5				2		12
			12			3				2			6
											4		
		22											
		3		3			5		4				
		6											
		6											
			6									15	
			6										
	3			2									
			8		2		8		2	2	2		
9	5							9				21	

THE DISGRACED BUSINESSMAN

Bernie Madoff died of hypertension, atherosclerotic cardiovascular disease and chronic kidney disease at the age of 82 in a Federal Medical Centre on the 14th April 2021.

At the time of this book's publication, The Madoff Victim Fund claims to have recovered 91 per cent of victim losses.

PUZZLE NO. 218

Sudoku

3				8		6		
	1							
		8	3		9			7
9			7			2		6
				4				
5		3			6			4
7			9		5	4		
							9	
		4		1				2

SOLUTIONS

SOLUTION NO. 1

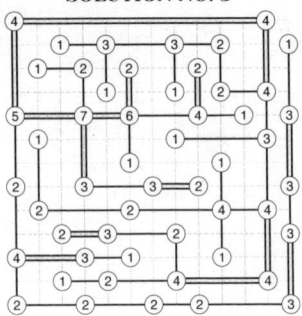

SOLUTION NO. 2

1	4	2	6	9	3	5	8	7
9	7	3	8	5	4	2	6	1
5	6	8	7	1	2	4	3	9
6	2	9	5	3	1	7	4	8
8	3	5	4	2	7	1	9	6
4	1	7	9	8	6	3	2	5
7	8	4	2	6	5	9	1	3
3	5	6	1	4	9	8	7	2
2	9	1	3	7	8	6	5	4

SOLUTION NO. 3

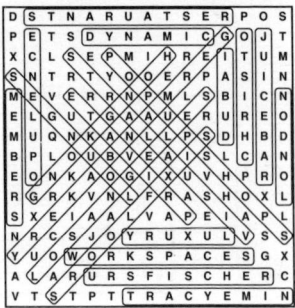

SOLUTION NO. 4

SOLUTION NO. 5

Keyword: ELEGANCE

SOLUTIONS

SOLUTION NO. 6

AFFLUENCE

SOLUTION NO. 7

H	C	I	A	K	E	S	I	R	N
Z	A	V	Z	I	B	L	K	S	U
T	P	E	L	M	O	A	C	Q	S
E	P	A	A	I	N	R	A	U	N
B	A	M	M	R	O	E	S	E	O
R	T	S	E	D	O	K	R	U	I
U	I	S	P	A	Y	O	A	S	S
O	A	C	I	L	I	T	T	E	R
C	S	E	R	G	E	H	P	E	P
O	S	E	N	S	T	R	I	I	M

SOLUTION NO. 8

2	1	6	7	8	9	10	11	12	13
3	5	22	21	20	19	18	17	16	14
4	23	27	28	66	67	68	69	70	15
24	26	29	65	85	84	83	74	73	71
25	30	64	86	88	100	98	82	75	72
31	58	63	87	89	99	97	94	81	76
32	57	59	62	90	96	95	93	80	77
33	55	56	60	61	91	92	79	78	47
34	37	54	53	52	51	50	49	48	46
35	36	38	39	40	41	42	43	44	45

SOLUTION NO. 9

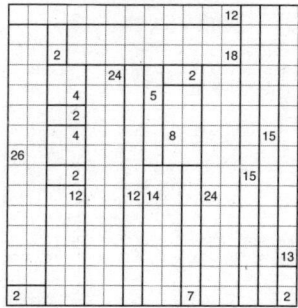

SOLUTION NO. 10

SOLUTIONS

SOLUTION NO. 11

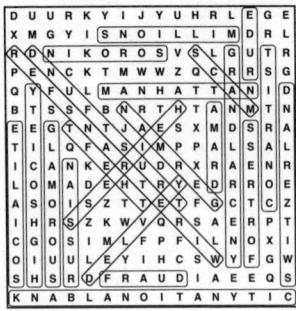

SOLUTION NO. 12

9	3	7	8	1	5	2	6	4
1	5	4	6	2	9	8	7	3
6	8	2	3	4	7	9	1	5
7	2	6	1	9	4	5	3	8
8	1	3	2	5	6	7	4	9
4	9	5	7	3	8	1	2	6
3	4	9	5	7	1	6	8	2
5	7	8	4	6	2	3	9	1
2	6	1	9	8	3	4	5	7

SOLUTION NO. 13

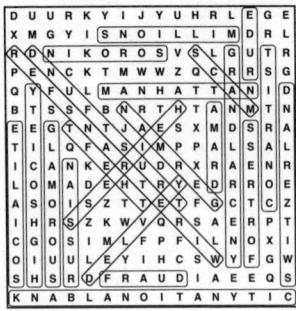

SOLUTION NO. 14

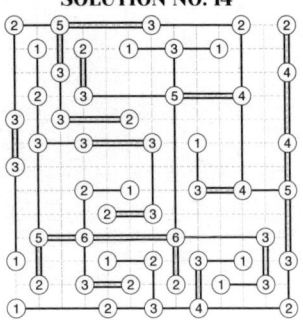

SOLUTION NO. 15

Keyword: DECEIT

SOLUTIONS

SOLUTION NO. 16

60	61	62	22	21	15	14	12	10	9
59	63	64	72	23	20	16	13	11	8
58	65	71	73	74	24	19	17	7	5
57	66	70	75	77	78	25	18	6	4
56	67	69	76	79	93	92	26	1	3
48	55	68	80	94	98	100	91	27	2
47	49	54	81	95	97	99	90	87	28
43	46	50	53	82	96	89	88	86	29
42	44	45	51	52	83	84	85	33	30
41	40	39	38	37	36	35	34	32	31

SOLUTION NO. 17

O	O	R	O	D	G	B	U	I	L
D	G	F	R	C	R	R	E	I	D
M	A	M	E	E	E	B	P	N	G
C	N	E	H	R	A	M	P	O	W
H	A	R	T	T	R	E	N	C	H
A	M	M	O	N	I	C	A	T	O
T	U	E	K	R	A	L	L	E	A
E	A	R	L	E	P	E	U	N	I
R	E	M	N	C	C	O	O	M	A
I	D	I	E	O	U	U	L	A	M

SOLUTION NO. 18

```
W E A L T H       P     C
  Q               R     R
F U N D   P O R T F O L I O
Q I   I   R       P     W
U T   V O   M O N E Y   D
A Y   I     O     R     F
L     D   I N D U C T   U
I     I E S       Y     N
F I N A N C I N G   B E D
Y V   D O       A   N   I
  E   N B       N   B   N
V E S T   S T O C K   B G
  T     N         N   L
  O     E N D O R S E
P E R M I T
```

SOLUTION NO. 19

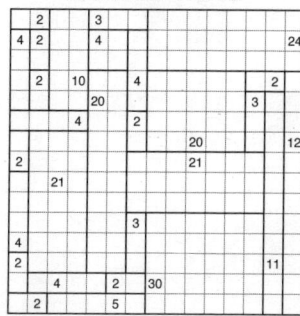

SOLUTION NO. 20

```
U M N Z K R A P L A R T N E C O
P B P S G A C N A L B A S A C K
Y Z H V T E J V I O H L Y N T R
S N E D R A G L A C I N A T O B
P S U N S E T B O U L E V A R D
E K B A R F M E K P Q V R E M V
A I S S U R I O N R A K Q U M E
K U B I L A M K R I O R W L D U
E C N A R F A D Z O S Y I U U N
S E L E G N A S O L C L W S G E
F I F T H A V E N U E C A E A V
J E L P P A G I B C U T O N N A
C A L I F O R N I A F C R Z D K
T Y N A M R E G B N L K F Q F R
F W Q O B Z M V A C I R E M A A
N W N H C E K A R R A M J U R P
```

SOLUTIONS

SOLUTION NO. 21

9	2	3	6	1	4	8	7	5
7	4	1	5	8	3	2	6	9
5	6	8	9	2	7	1	3	4
2	3	6	1	4	5	7	9	8
4	1	9	7	3	8	5	2	6
8	7	5	2	9	6	4	1	3
6	9	7	8	5	2	3	4	1
1	8	4	3	7	9	6	5	2
3	5	2	4	6	1	9	8	7

SOLUTION NO. 22

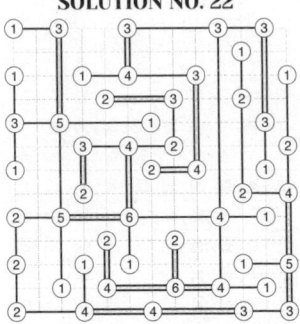

SOLUTION NO. 23

(Kakuro solution grid)

SOLUTION NO. 24

I	V	T			S		L		S
M	O	A	N	E	R		U	P	L	I	F	T
A		L		E	U		L		M	E
G	L	I	S	T	E	N		O	X	B	O	W
E		A		H		W		D		S		S
R	A	N	K		C	O	R	G	I
Y		T		J		R		E		A		G
		D	I	A	L	S		O	G	R	E
A		S		G		D		A		I		T
N	O	T	E	S		L	O	B	E	L	I	A
G		R		A		Y		U		E		W
S	Q	U	A	W	K		A	Z	A	L	E	A
T		T		S			Z		Y		Y

Keyword: FAMOUS

SOLUTION NO. 25

5	6	8	9	46	45	44	43	41	40
4	7	10	47	48	56	57	58	42	39
3	1	11	49	55	65	64	60	59	38
2	12	50	54	66	84	83	63	61	37
13	51	53	67	95	96	85	82	62	36
14	52	68	92	94	97	98	86	81	35
15	69	74	91	93	99	100	87	80	34
16	70	73	75	90	89	88	79	33	30
17	20	71	72	76	77	78	32	31	29
18	19	21	22	23	24	25	26	27	28

SOLUTIONS

SOLUTION NO. 26

E	R	H	E	A	I	N	S	G	M
W	I	T	F	M	L	A	A	U	E
N	U	B	T	E	L	O	R	F	N
O	R	R	F	T	D	U	A	E	T
I	N	E	O	N	U	G	I	C	A
S	K	N	U	E	L	V	E	C	T
U	I	A	N	D	A	Y	N	R	I
L	L	B	E	N	T	I	O	A	O
B	T	P	H	O	T	I	N	L	N
E	D	E	K	A	F	D	E	R	C

SOLUTION NO. 27

				6		3			
3				9					
	6		8						
	3			4					
				9	2		28		
		15							
					6				
				3		2		8	
	27								11
							10		
			2					4	5
			2	2					
						24			
	6				9	8			

SOLUTION NO. 28

(crossword solution with entries: ARTISTIC, JEWELS, PRESTIGE, EXCLUSIVE, IDENTITY, MEMBERS, BLOUSE, JULIA GARNER, SILVERTAIL, RICH, ELITE, NEW YORK, etc.)

SOLUTION NO. 29

(crossword solution with entries: PERFIDY, IMITATION, SCAM, DUPE, FORGERY, ARTIFICE, PRETENDER, COUNTERFEIT, IMPOSTURE, DECEIT, TRICKERY)

SOLUTION NO. 30

5	2	7	1	8	3	6	4	9
6	3	4	5	9	7	8	2	1
8	1	9	2	6	4	5	3	7
4	6	5	7	3	1	2	9	8
2	9	3	4	5	8	7	1	6
1	7	8	6	2	9	3	5	4
3	8	6	9	4	2	1	7	5
9	5	1	3	7	6	4	8	2
7	4	2	8	1	5	9	6	3

SOLUTIONS

SOLUTION NO. 31

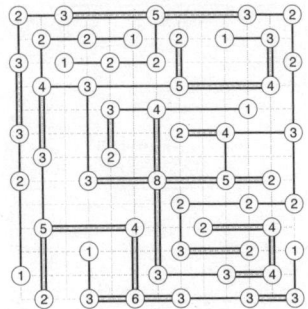

SOLUTION NO. 32

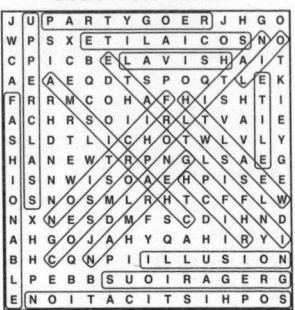

SOLUTION NO. 33

20	21	23	24	30	31	62	58	57	56
19	22	25	29	32	64	63	61	59	55
18	26	28	33	65	100	82	81	60	54
17	27	34	66	98	99	96	83	80	53
16	35	67	90	92	97	95	84	79	52
15	36	68	89	91	93	94	85	78	51
14	37	69	71	88	87	86	77	76	50
10	13	38	70	72	73	74	75	49	48
9	11	12	39	40	41	42	43	47	46
8	7	6	5	4	3	2	1	44	45

SOLUTION NO. 34

N	A	E	V	N	I	D	E	N	W
N	B	N	T	C	O	T	I	S	O
E	R	N	I	L	R	C	O	I	D
D	E	G	E	L	R	E	N	A	L
A	G	D	C	D	E	N	I	A	T
R	N	A	N	I	K	R	O	W	E
R	A	L	G	R	A	T	I	O	D
E	I	R	P	G	I	I	R	N	K
S	R	I	N	G	M	M	E	T	C
T	T	S	O	R	I	F	T	R	U

SOLUTION NO. 35

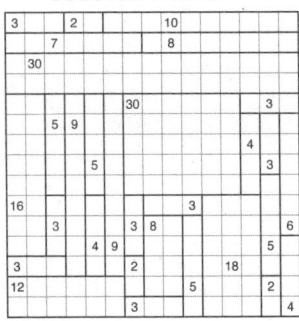

244

SOLUTIONS

SOLUTION NO. 36

14	15	17	18	24	25	54	55	56	57
13	16	19	23	26	53	62	61	60	58
12	20	22	27	52	63	65	66	67	59
11	21	28	43	51	64	74	73	69	68
10	29	42	44	50	75	77	78	72	70
9	30	41	45	49	76	95	94	79	71
8	31	40	46	48	96	97	98	93	80
7	32	34	39	47	89	100	99	92	81
5	6	33	35	38	88	90	91	85	82
4	3	2	1	36	37	87	86	84	83

SOLUTION NO. 37

SOLUTION NO. 38

8	5	2	3	6	7	9	1	4
1	6	7	9	4	5	2	8	3
3	4	9	8	1	2	6	5	7
9	8	3	5	2	4	7	6	1
5	2	6	7	9	1	4	3	8
4	7	1	6	3	8	5	2	9
2	3	8	4	5	9	1	7	6
6	9	5	1	7	3	8	4	2
7	1	4	2	8	6	3	9	5

SOLUTION NO. 39

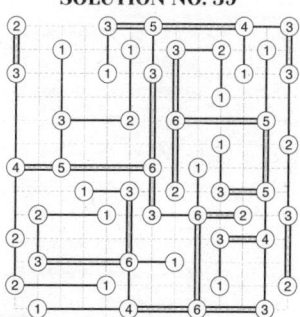

SOLUTION NO. 40

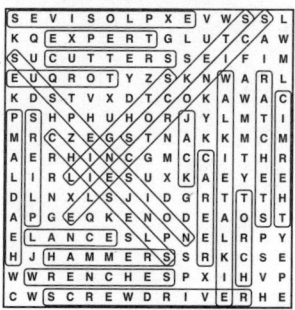

245

SOLUTIONS

SOLUTION NO. 41

CRIMINALS

SOLUTION NO. 42

Keyword: LEATHER

SOLUTION NO. 43

8	7	4	3	2	35	36	37	69	70
9	10	6	5	1	34	38	68	72	71
11	12	16	17	33	39	67	76	75	73
13	15	18	32	40	66	77	79	80	74
14	19	31	41	54	65	78	84	83	81
20	30	42	53	55	64	85	86	87	82
21	29	43	52	56	63	100	97	89	88
22	28	44	51	57	62	98	99	96	90
23	27	45	47	50	58	61	95	94	91
24	25	26	46	48	49	59	60	93	92

SOLUTION NO. 44

N	I	V	A	G	T	E	K	C	O
F	L	P	H	I	L	A	C	K	P
E	U	R	T	E	F	W	I	P	S
L	C	I	T	I	M	B	R	O	N
O	T	L	A	N	I	R	E	I	T
N	A	U	L	B	T	C	A	L	I
A	L	A	R	U	I	U	K	O	M
R	T	V	G	L	C	R	E	D	E
M	I	C	I	A	E	R	R	L	A
S	I	L	L	R	I	L	L	E	G

SOLUTION NO. 45

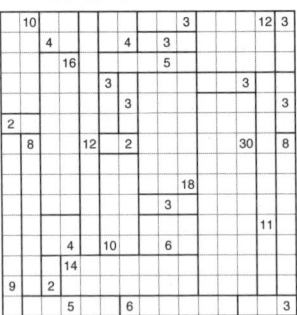

SOLUTIONS

SOLUTION NO. 46

SOLUTION NO. 47

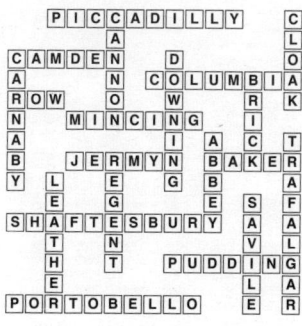

SOLUTION NO. 48

1	4	2	3	6	8	9	5	7
3	8	7	9	5	4	6	2	1
9	5	6	7	1	2	3	4	8
2	9	5	4	8	6	1	7	3
8	6	1	5	3	7	4	9	2
7	3	4	1	2	9	5	8	6
4	2	9	6	7	3	8	1	5
5	7	3	8	9	1	2	6	4
6	1	8	2	4	5	7	3	9

SOLUTION NO. 49

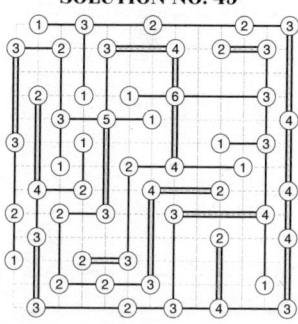

SOLUTION NO. 50

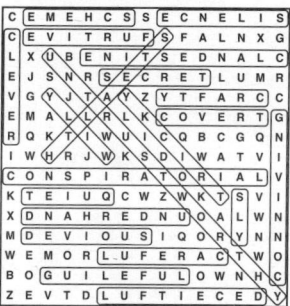

247

SOLUTIONS

SOLUTION NO. 51

U	A		A	L		B	P		A
S	U	P	E	R	N	O	V	A	
						A		W	N
H	P	M	G		N		S		G
E	P	O	C	H		J	U	J	I	T	S	U
R		S		O	A		O		I
	D	I	P	L	O	M	A		I	M	P	S
S	T		E		Z		A		H
I	T	E	M		E	S	C	O	R	T	S
X		F		T		O		U	A
T	E	Q	U	I	L	A		L	A	R	K	S
I		U		E		R		O	I
E	T	A		N	A	V	I	G	A	T	E	D
S		Y		D		E		Y	E

Keyword: BROADCAST

SOLUTION NO. 52

26	25	24	23	22	16	15	11	10	9
27	29	30	31	32	21	17	14	12	8
28	46	45	38	37	33	20	18	13	7
47	48	52	44	39	36	34	19	6	5
49	51	53	54	43	40	35	2	3	4
50	58	57	56	55	42	41	1	98	100
59	60	70	72	73	82	84	95	99	97
61	69	71	74	81	83	85	94	96	91
62	65	68	75	77	80	86	93	92	90
63	64	66	67	76	78	79	87	88	89

SOLUTION NO. 53

S	G	T	T	I	W	A	L	C	E
C	N	I	I	N	E	L	V	I	V
O	O	P	P	G	D	Q	G	N	L
I	R	D	I	N	G	U	A	D	E
L	D	R	G	G	N	I	R	G	N
L	W	E	D	M	O	R	R	D	I
I	O	L	N	I	B	E	Y	A	P
N	G	L	I	C	T	V	I	N	S
G	H	G	N	E	I	I	D	G	L
P	R	O	S	P	N	G	N	U	L

SOLUTION NO. 54

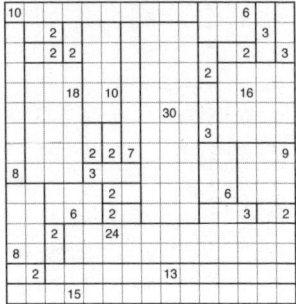

SOLUTION NO. 55

	C			C											N	
L	A	Y	A	S	I	D	E			T					O	
A				L		O		C	A	U	G	H	T		T	
I				L		D		L		P					I	
M				I	G	N	O	R	E	D					C	
S	P	U	R	N		E		N		S		O			E	
						D		D				V				
				I			P	O	L	I	C	E			F	
R	O	W	L	A	N	D		N				R			I	
E				F								R			N	
B			C		O		R					I			D	
U		D	I	S	R	E	G	A	R	D	E	D			I	
F			T		M		D					D			N	
F			Y												G	
				R	E	C	O	R	D	I	N	G	S			

SOLUTIONS

SOLUTION NO. 56

5	1	4	6	8	7	9	2	3
2	9	6	1	3	4	5	8	7
3	8	7	9	2	5	6	4	1
6	7	5	4	1	3	2	9	8
4	3	8	7	9	2	1	6	5
9	2	1	8	5	6	3	7	4
7	5	9	3	6	8	4	1	2
1	4	2	5	7	9	8	3	6
8	6	3	2	4	1	7	5	9

SOLUTION NO. 57

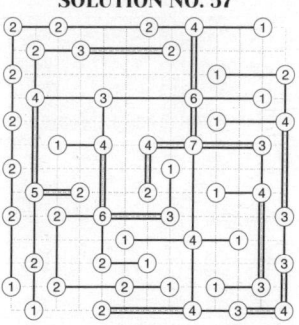

SOLUTION NO. 58

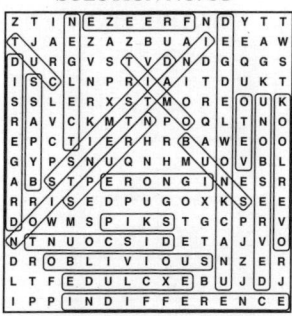

SOLUTION NO. 59

	7	15			6	4		
	1	4		5 / 22	2	3	21	
14	6	8	18	9	3	1	5	10
	11	3	2	5	1		17	9	8
8		12	4	8	14	5	7	2
6	3	2	1	6 / 20	4	2	8	
6	5	1	26 / 15	5	8	9	4	6
	27	9	5	6	7		4	3	1
5	8	16	7	9	10	4	1	5
7	2	1	3	11	3	2	1	15
7	3	4	13 / 3	5	4	3	1	9
	10	3	2	4	1	6	5	1
			3	1	2		17	9	8

SOLUTION NO. 60

S	C	O	R	C	H		A		E	F	T
	O		O		F	A	X	E	S		A
I	M	P	I	N	G	E		L		C	S
	P		N		T		E	T	H	O	S
Q	U	I	V	E	R	E	D		E		E
	T		C		S		P		W		L
L	E	N	G	T	H		J	O	I	S	T	S
O		U		S		R		P		R	
Y		M			R	E	Q	U	I	T	A	L
A	L	B	U	M		E		L			P
L		E		I		F	L	I	R	T	E	D
L		R	A	N	K	S		S			Z
Y	E	S		D			S	T	A	V	E	D

Keyword: SURPRISE

249

SOLUTIONS

SOLUTION NO. 61

63	62	61	53	52	48	47	46	39	38
64	65	69	60	54	51	49	45	40	37
66	68	71	70	59	55	50	44	41	36
67	74	73	72	58	56	43	42	35	26
75	77	78	79	57	32	33	34	27	25
76	83	82	80	31	30	29	28	23	24
84	85	100	81	5	3	1	22	21	20
86	99	98	97	6	4	2	17	18	19
87	90	96	95	94	7	10	12	16	15
88	89	91	92	93	8	9	11	13	14

SOLUTION NO. 62

SOLUTION NO. 63

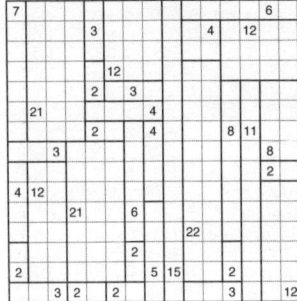

SOLUTION NO. 64

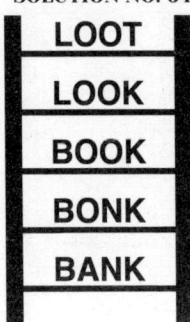

SOLUTION NO. 65

```
Q     C       G H       F
UNCOMFORTABLE           C
E     N       A L     N O
S     F   NAB T       C M
T     I     R D       E M
  INFORMER  E                 A
O     E     E T   S   S       N
N     D     S A   E   E       D
    C       T INQUIRE         E
TATTLE      N   U Z           E
P     D       E E             R
T     L   BUST
CUSTODY       T
R     C       E
HEM   K   IMPRISON
```

250

SOLUTIONS

SOLUTION NO. 66

1	4	6	2	3	5	8	9	7
2	3	7	9	1	8	6	5	4
8	5	9	4	6	7	3	1	2
7	2	5	3	9	1	4	6	8
4	1	8	6	5	2	7	3	9
6	9	3	7	8	4	5	2	1
3	8	2	1	4	6	9	7	5
9	7	4	5	2	3	1	8	6
5	6	1	8	7	9	2	4	3

SOLUTION NO. 67

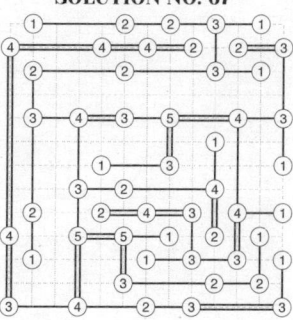

SOLUTION NO. 68

SOLUTION NO. 69

30	31	37	38	40	41	46	47	48	49
29	32	36	39	42	45	54	53	52	50
28	33	35	43	44	55	56	59	60	51
25	27	34	91	90	57	58	64	63	61
24	26	92	8	10	89	84	83	65	62
23	93	7	5	9	11	88	85	82	66
94	22	6	4	1	12	87	86	81	67
96	95	21	2	3	13	78	79	80	68
99	97	20	18	14	75	76	77	72	69
98	100	19	17	16	15	74	73	71	70

SOLUTION NO. 70

Y	B	E	V	I	T	A	R	C	U
T	O	L	I	Q	I	O	U	S	L
N	U	L	L	N	P	O	C	E	T
E	M	I	O	S	A	F	U	N	A
L	M	T	O	U	S	F	T	R	O
B	E	P	E	R	A	L	U	E	F
A	A	R	P	R	E	E	C	N	A
U	N	O	Y	I	R	T	P	L	R
L	S	P	T	Z	E	A	H	E	O
A	V	E	R	E	W	L	T	T	H

251

SOLUTIONS

SOLUTION NO. 71

			8\	20\			16\	12\
		\17 6\	1	5	\19	4\	1	3
	\10 29\	8	7	9	5	\16 17\	8	9
\14	9	5	\8 26\	6	8	5	7	
8\	1	4	3	\14 15\	6	9	\18	13\
	\12 3\	1	2	\23	\7	2	1	4
\7 26\	5	4	9	8	\11 17\		8	9
8\	5	3	\15 25\	3	6	7	9	
11\	2	4	5	\20 10\	9	1	\15	16\
		\9 5\	1	4	\23 12\		3	2	7
	\7 29\	5	9	7	8	\15 14\	5	9
\5	2	3	\30	9	6	7	8	
\6	5	1		\17	9	8		

SOLUTION NO. 72

```
O P   D I S C L O S U R E
R O       A
D L   I   W A R R A N T
E V I D E N C E       E
R C   T   W       E
    E X P E R T I S E   X   O
  I     R   T   A   A   F
I N Q U I R Y   N   R   M F
  T     O   E   C R I M E
  E     G   S   H   A   N
  R     A   S       T   D
  V     T   E       I   E
  I   P R E M I S E S   O R
  E                     N
  W       R E S T R A I N T
```

SOLUTION NO. 73

6	5	1	4	7	3	8	9	2
2	3	9	6	1	8	4	7	5
7	4	8	9	2	5	6	3	1
9	2	3	8	5	1	7	4	6
4	7	5	3	6	2	9	1	8
8	1	6	7	9	4	5	2	3
3	6	4	1	8	7	2	5	9
5	8	7	2	3	9	1	6	4
1	9	2	5	4	6	3	8	7

SOLUTION NO. 74

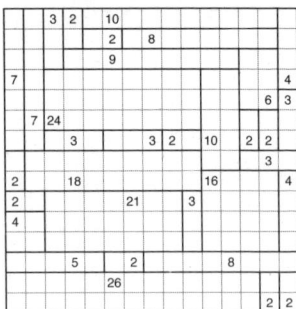

SOLUTIONS

SOLUTION NO. 75

				P	O	L	I	T	I	C	S		A	
						A		B					L	
M			P	L	A	T	A		R				T	
A				L		T			I				R	
R				A		E			L				U	
K	I	L	O	G	R	A	M		L					
E				M			I	L	L	I	C	I	T	
T		P	O	W	E	R			O				S	
									N				M	
C				C	R	I	M	I	N	A	L		F	
O				O					I				O	
C	O	L	O	M	B	I	A		M	U	R	D	E	R
A				M					A				G	
I				R	I	V	A	L	S				E	
N													R	
E				C	O	M	M	U	N	I	T	Y		

SOLUTION NO. 76

8	7	3	4	6	2	1	9	5
6	2	5	1	8	9	7	3	4
9	4	1	5	3	7	6	8	2
2	1	7	6	5	3	9	4	8
3	9	6	8	7	4	2	5	1
4	5	8	9	2	1	3	7	6
1	8	2	3	9	5	4	6	7
5	3	4	7	1	6	8	2	9
7	6	9	2	4	8	5	1	3

SOLUTION NO. 77

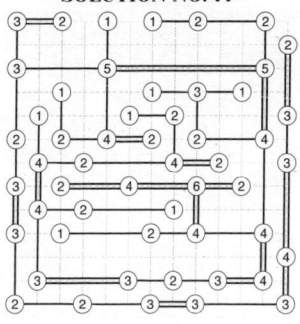

SOLUTION NO. 78

V	G	A	H	Y	C	T	R	E	A	G	S	S	N	M
H	T	A	E	D	V	S	R	K	V	C	E	T	Z	U
H	D	N	K	X	J	I	C	Y	R	S	C	A	Q	S
Z	O	N	X	W	F	U	J	I	N	U	N	K	L	X
M	O	H	F	I	N	X	E	M	T	G	S	E	A	S
S	C	H	X	U	U	D	M	A	C	B	M	L	B	S
C	I	G	P	A	A	G	R	I	Y	E	O	V	R	E
U	L	N	R	G	B	L	I	L	R	L	I	P	U	N
F	E	T	E	Z	A	U	J	F	I	E	V	R	T	D
F	V	S	O	K	T	N	L	J	U	N	Q	E	A	L
L	I	S	D	O	W	T	D	A	O	H	A	H	L	I
E	L	C	R	B	L	P	N	C	R	A	H	N	I	W
S	Y	A	R	F	E	X	A	V	G	S	D	A	T	O
O	L	C	I	G	A	R	E	T	T	E	C	D	Y	D
J	V	M	A	R	K	E	T	Y	R	U	F	S	L	I

253

SOLUTIONS

SOLUTION NO. 79

DANGEROUS

SOLUTION NO. 80

Keyword: CARTEL

SOLUTION NO. 81

SOLUTION NO. 82

SOLUTIONS

SOLUTION NO. 83

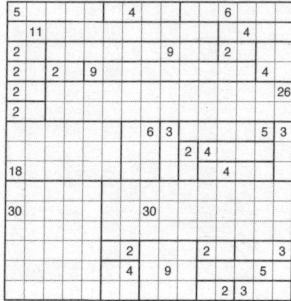

SOLUTION NO. 84

2	1	4				
3	2	5	1		1	3
1	5		7	3	4	5
				1	2	4	5
1	2		1	5		1	7
9	6		5	9		6	9
5	1	2	4			
	4	6	9	3		5	7
	8	9		1	2	3	4
					1	7	9

SOLUTION NO. 85

SOLUTION NO. 86

8	2	6	5	3	9	4	1	7
1	4	5	6	2	7	8	9	3
9	3	7	4	1	8	6	5	2
4	7	1	9	6	2	3	8	5
6	5	3	7	8	4	1	2	9
2	9	8	3	5	1	7	6	4
7	8	4	2	9	6	5	3	1
5	1	9	8	4	3	2	7	6
3	6	2	1	7	5	9	4	8

SOLUTIONS

SOLUTION NO. 87

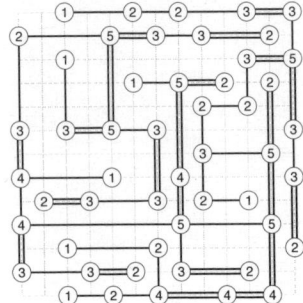

SOLUTION NO. 88

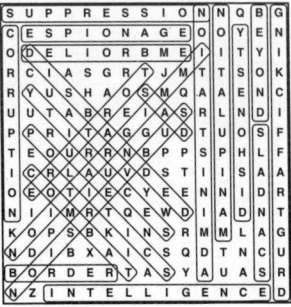

SOLUTION NO. 89

I	D	L	Y		R	E	A	D	J	U	S	T
N		E		P		R		I		N		E
T	A	V	E	R	N	S		S	T	E	A	M
R		E		E		A		R		Q		P
O	W	L		S	T		E	X	U	D	E	
S			U	N	Z	I	P		A			R
P		F		M			U		L		A	
E		O		P	O	S	I	T				M
C	A	R	E	T		H		A		O	N	E
T		E		U		R		B				N
I	M	A	G	O		A	I	L	M	E	N	T
O		R		U		N		E				A
N	A	M	E	S	A	K	E		K	E	E	L

Keyword: DOLLARS

SOLUTION NO. 90

57	58	59	70	71	75	76	93	94	95
56	60	69	72	74	77	92	98	97	96
55	61	68	73	78	83	91	100	99	88
54	62	64	67	79	82	84	90	89	87
52	53	63	65	66	80	81	85	86	35
51	50	49	48	40	39	38	37	36	34
45	46	47	41	19	20	31	32	33	28
44	43	42	11	1	18	21	30	29	27
8	9	10	2	12	14	17	22	26	25
7	6	5	4	3	13	15	16	23	24

SOLUTIONS

SOLUTION NO. 91

E	R	L	T	U	D	D	I	E	W
L	M	U	I	T	E	N	O	S	O
L	O	R	T	T	S	A	H	T	R
E	S	T	N	O	G	R	P	T	E
V	E	M	O	R	S	I	R	A	D
N	N	T	C	I	E	V	A	C	R
I	N	I	P	G	N	I	T	A	A
C	O	R	S	L	E	K	E	L	L
I	V	E	A	W	A	D	E	R	P
P	O	R	H	T	N	A	L	I	H

SOLUTION NO. 92

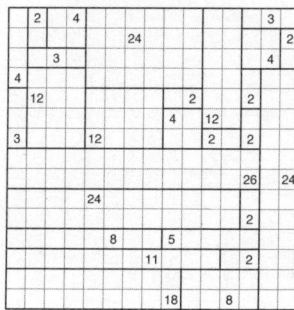

SOLUTION NO. 93

```
M        R H I N O S
E X O T I C   E
N       C R E A T U R E S
A   P   D
G I R A F F E S     G   Z
E   I         C A M E L S
R   V     L   R   B   C
I   A N I M A L S   D R U
E   T     K   E   A   L
    E     E L E P H A N T S
          S   I   S     T
          P           U
  C                   R
M A N M A D E   P O O L S
  R             O       E
O S T R I C H E S   B I R D S
```

SOLUTION NO. 94

1	4	2	7	9	5	8	3	6
8	5	7	3	2	6	4	1	9
3	6	9	1	8	4	5	7	2
6	7	1	8	4	3	9	2	5
2	8	5	9	7	1	3	6	4
9	3	4	6	5	2	7	8	1
4	9	6	2	3	8	1	5	7
5	1	3	4	6	7	2	9	8
7	2	8	5	1	9	6	4	3

SOLUTIONS

SOLUTION NO. 95

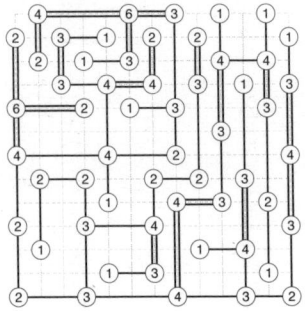

SOLUTION NO. 96

SOLUTION NO. 97

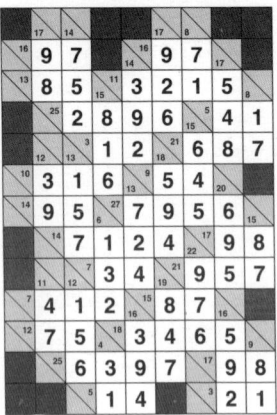

SOLUTION NO. 98

L	A	U	N	C	H		O	P	A	Q	U	E
I		N		R		U		I		U		R
V	I	L	L	A	I	N		P	I			A
E		A		Z		B	R	E	E	Z	E	S
L	O	W	L	Y		R		T				E
Y		F			E		T	A	C	O	S	
		U		I	M	A	G	E		A		
M	E	L	O	N		K				L		J
O			H		A		S	C	A	R	E	
D	I	S	T	U	R	B		T		M		T
E		A		M		L	O	O	F	A	H	S
L		S		A		E		I		R		A
S	P	H	I	N	X		S	C	H	I	S	M

Keyword: COLOMBIA

SOLUTIONS

SOLUTION NO. 99

R	U	L	O	U	S	N	E	R	O
T	T	L	A	C	G	E	A	M	U
N	H	L	E	D	M	R	S	N	S
E	M	S	S	N	I	E	T	I	M
S	T	M	E	F	I	N	T	A	E
E	V	U	N	E	C	E	V	L	R
I	N	R	R	B	H	C	I	L	C
L	A	D	E	R	A	L	A	L	I
C	I	E	R	I	T	E	R	E	S
O	S	E	L	B	A	B	I	L	S

SOLUTION NO. 100

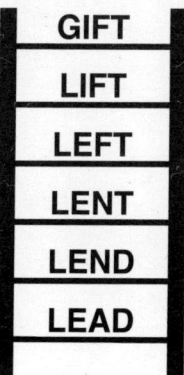

GIFT
LIFT
LEFT
LENT
LEND
LEAD

SOLUTION NO. 101

			3			5			5
2							22		
		8							
6			22						
	8				2		6		2
				7				3	
		8							10
	5		8						6
4		2				4	2		
					28				
4		26							
									2
								15	

SOLUTION NO. 102

18	17	16	15	14	13	12	8	7	6
19	20	24	25	26	27	28	11	9	5
21	23	46	45	44	34	33	29	10	4
22	47	51	52	53	43	35	32	30	3
48	50	73	72	71	54	42	36	31	2
49	74	84	86	87	70	55	41	37	1
75	83	85	96	89	88	69	56	40	38
76	82	97	100	95	90	68	67	57	39
77	81	98	99	94	91	66	63	61	58
78	79	80	93	92	65	64	62	60	59

SOLUTIONS

SOLUTION NO. 103

```
            I N J U R E
C O N D E M N E D   P
            I M M O R A L
T U R M O I L S   O
        O   O   A     V
O   T D E S T R O Y   I
U   E   E   S   D     O
T H R E A T   E     M L
R   R D     W R E C K A G E
A   O L       H   Y N
G   R Y       H   Y N
E             A   E C
              R O   E
    T U M U L T U O U S
              I
R E P R E H E N S I B L E
```

SOLUTION NO. 104

9	2	1	7	5	6	8	4	3
4	5	3	1	8	9	7	2	6
7	6	8	2	4	3	5	9	1
1	3	5	8	7	4	9	6	2
8	9	7	6	1	2	3	5	4
6	4	2	3	9	5	1	7	8
5	1	9	4	6	8	2	3	7
2	8	4	5	3	7	6	1	9
3	7	6	9	2	1	4	8	5

SOLUTION NO. 105

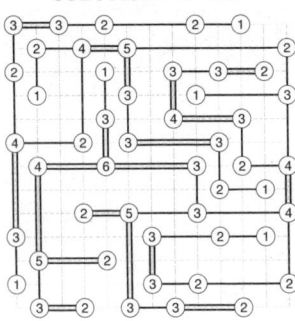

SOLUTION NO. 106

```
I J T F L U X U R I O U S G A
A N U A S E C J M B H B W C V
N M A X A Q A U P V U O C H
D O D M T U R L K I R O W A G
E N E A R I T Z L K M Z M T P
I I S C E P T E T E M N E S R
F G I H C M L R O O E D S H I
I H G I C E S D S T L I B D V
D O T N N O N A I I E V X U A
O C E E E S T R N I A W M S T
M L R D I P G F L W M Y I L E
G U K O T E L E P H O N E S
I B N W A T E R F A L L E R G
Z S F G C O N F I N E D S Y A
I S K C O M P U T E R S S O I
```

SOLUTIONS

SOLUTION NO. 107

57	58	59	63	64	87	88	99	97	96
56	60	62	65	84	86	89	100	98	95
55	61	66	80	83	85	90	91	94	93
54	67	76	79	81	82	2	1	92	6
53	68	75	77	78	41	3	4	5	7
52	69	74	73	72	42	40	21	9	8
50	51	70	71	46	43	39	22	20	10
32	49	48	47	45	44	38	23	19	11
31	33	34	35	36	37	24	18	15	12
30	29	28	27	26	25	17	16	14	13

SOLUTION NO. 108

H E A C U B W A L T
Y E P S R E M E N U
P O T E N V A M T O
D A H C M O N H E S
E G E I R A E U V I
S E R M C K S N I T
E N E H H A E T G U
C G R I G L R J A F
R N I D N O B L I L
E T L Y I W R E B E

SOLUTION NO. 109

C O O K · S T U D E N T S
O W O U · I U T
M A I L B O X · R I D G E
P N S E E G A
R A G E D · C H I L D
E Q U O I T N F
H C U O G A
E U I N F E R S
N A C H O J S R U T
S K U O H O N
I D O L S R H I Z O M E
V O L D P M S
E S S A Y I S T G Y M S

Keyword: TRACKED

SOLUTION NO. 110

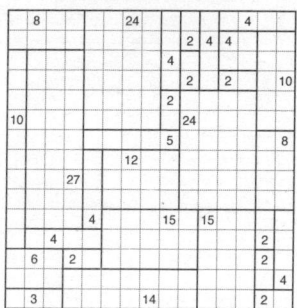

SOLUTIONS

SOLUTION NO. 111

	P						F	E	D	E	R	A	L	M
M	O	B		W					U					U
L				H		H	A	N	D	L	E	R		D
W	I	L	L	I	A	M			S					E
I				T				B	S					R
T				E				U						
V	I	O	L	E	N	C	E	R			I			
C								E			L			
S								A			L			
								U			G	A	N	G
	C	W	A		S	E	N	A	T	E	F			
	H	A	N						N		O			
	A	N							T		R			
	B	R	O	T	H	E	R	S		C	R	I	M	E
	G	E						I			A			
	E	D						S			N			
	D			P	R	E	S	I	D	E	N	T		

SOLUTION NO. 112

7	8	2	6	4	1	9	5	3
6	4	3	5	9	8	7	2	1
9	5	1	7	2	3	4	6	8
2	3	5	9	6	4	8	1	7
8	7	4	3	1	5	2	9	6
1	9	6	2	8	7	3	4	5
3	1	9	4	7	6	5	8	2
5	2	8	1	3	9	6	7	4
4	6	7	8	5	2	1	3	9

SOLUTION NO. 113

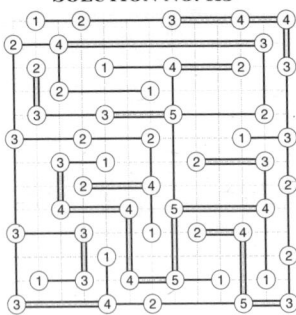

SOLUTION NO. 114

N	Q	T	F	I	R	S	T	D	E	G	R	E	E	G
E	Z	H	L	N	O	I	T	R	O	T	X	E	N	X
T	C	I	U	S	C	H	A	R	G	E	D	I	U	T
F	O	R	R	A	C	K	E	T	E	E	R	I	N	G
E	M	T	Y	D	S	M	H	J	U	E	U	Z	H	W
H	P	Y	S	M	S	S	H	I	D	K	G	G	A	E
T	L	O	T	A	U	T	A	N	T	L	D	B	I	G
Y	I	N	R	K	W	R	U	U	Y	M	E	Q	F	N
T	C	E	E	C	J	A	D	N	L	H	A	H	A	I
T	I	C	E	E	Z	L	G	A	E	U	T	L	N	B
E	T	O	T	Y	Q	E	M	I	R	C	I	K	B	I
P	Y	U	E	H	D	E	R	I	P	S	N	O	C	R
F	S	N	O	P	A	E	W	P	O	N	G	O	R	B
Y	O	T	L	I	F	E	S	E	N	T	E	N	C	E
M	A	S	H	Y	G	N	I	T	P	U	R	R	O	C

262

SOLUTIONS

SOLUTION NO. 115

UNDERCOVER

SOLUTION NO. 116

Keyword: ELECTED

SOLUTION NO. 117

66	65	64	25	24	20	19	17	16	14
67	69	70	63	26	23	21	18	13	15
68	74	73	71	62	27	22	12	1	2
75	77	78	72	61	29	28	11	5	3
76	81	80	79	60	54	30	10	6	4
82	84	85	86	59	55	53	31	9	7
83	99	98	87	58	56	52	45	32	8
94	100	97	88	57	51	46	44	39	33
93	95	96	89	50	47	43	40	38	34
92	91	90	49	48	42	41	37	36	35

SOLUTION NO. 118

H	D	E	R	E	T	S	I	N	I
A	A	T	I	O	R	I	S	H	M
L	T	M	I	N	I	I	R	A	D
L	N	E	R	N	A	C	E	M	A
U	C	P	E	L	S	D	V	R	Y
N	I	X	E	S	C	R	O	A	T
O	N	S	D	C	O	A	L	U	N
G	E	S	O	I	T	N	D	U	A
A	G	E	L	E	L	C	E	R	R
N	G	I	L	G	A	O	V	T	F

SOLUTIONS

SOLUTION NO. 119

SOLUTION NO. 120

SOLUTION NO. 121

5	2	7	1	6	4	8	9	3
6	8	4	9	3	5	7	1	2
1	3	9	2	8	7	6	4	5
9	4	3	6	2	1	5	8	7
8	6	5	7	9	3	4	2	1
2	7	1	5	4	8	3	6	9
7	5	6	8	1	2	9	3	4
3	1	8	4	5	9	2	7	6
4	9	2	3	7	6	1	5	8

SOLUTION NO. 122

SOLUTIONS

SOLUTION NO. 123

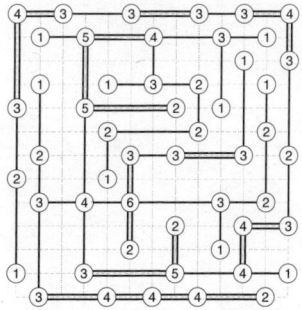

SOLUTION NO. 124

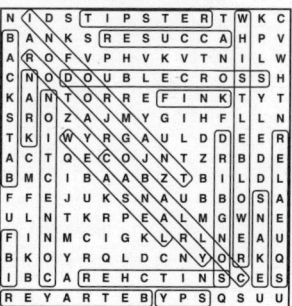

SOLUTION NO. 125

	H	A	V	O	C		A	B	A	S	H	
A		C		B		A		E		A		C
S	E	Q	U	E	L	S		T	O	D	A	Y
H		U		Y		T		R				A
O	M	I	T		C	I	T	A	T	I	O	N
R		R		B		R		Y		N		
E	X	I	L	E	S		R	A	T	T	L	E
		N		A		E		L		E		R
F	I	G	U	R	I	N	E		B	R	A	S
L				L		D		R		J		A
E	N	N	U	I		O	P	U	L	E	N	T
D		O		K		W		D		C		Z
	A	D	D	E	D		M	E	A	T	S	

Keyword: BUREAU

SOLUTION NO. 126

20	21	22	26	27	57	56	55	53	52
19	23	25	28	58	73	74	75	54	51
18	24	29	59	72	80	79	78	76	50
17	30	60	71	81	82	86	87	77	49
16	31	61	70	83	85	90	89	88	48
15	32	62	69	84	91	93	94	95	47
7	14	33	63	68	92	99	97	96	46
6	8	13	34	64	67	100	98	45	42
1	5	9	12	35	65	66	44	43	41
2	3	4	10	11	36	37	38	39	40

265

SOLUTIONS

SOLUTION NO. 127

I	O	I	L	O	N	K	M	L	E
T	N	M	L	I	S	C	A	I	X
R	O	T	X	W	S	A	O	L	P
S	W	I	E	I	B	L	I	R	C
H	D	N	G	N	E	A	T	E	I
T	L	I	N	D	L	T	I	O	O
R	H	T	Y	L	L	U	O	C	N
O	E	R	A	E	T	B	N	Y	S
W	F	T	C	K	M	O	N	E	H
T	E	N	N	W	O	D	E	K	A

SOLUTION NO. 128

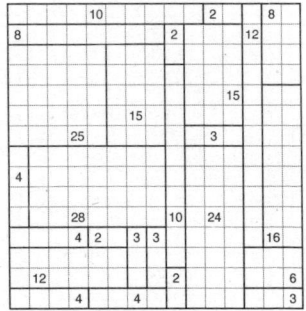

SOLUTION NO. 129

```
  I   C   D         I
  M U   I N D E M N I T Y
  P S   S       M   N
  E H   C   B U F F E R
B A R R I E R   N   I
  I O   E   S H I E L D
  L N   D   T   T
      R I S K Y   R
A E G I S   T   S   A
X     E     H   T   I
P   C H A R G E I   N
O     U     L   O   V
S     R   B A S T I O N A
H E D G E     E       D
  D       P E R M E A T E
```

SOLUTION NO. 130

3	2	6	9	1	5	8	7	4
7	9	4	6	8	2	1	3	5
8	5	1	4	7	3	9	2	6
6	7	3	1	5	8	4	9	2
5	8	2	7	9	4	3	6	1
1	4	9	2	3	6	5	8	7
4	1	7	3	2	9	6	5	8
2	3	5	8	6	1	7	4	9
9	6	8	5	4	7	2	1	3

SOLUTIONS

SOLUTION NO. 131

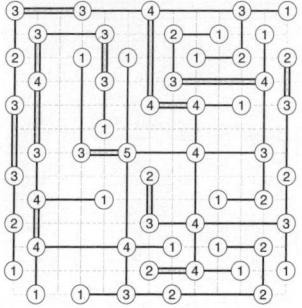

SOLUTION NO. 132

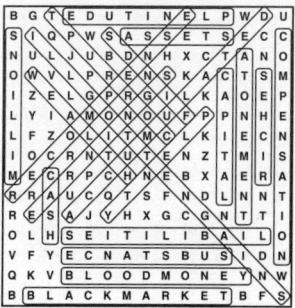

SOLUTION NO. 133

				19	3	16			
		6	12	12	8	1	3	17	7
	5	1	4	22	4	2	1	15	9	6
28	5	8	9	6	18	5	4	8	1
		18	15	6	5	1	16	7	9	22	12
20	7	5	8			8	1	5	2
4	3	1	10			13	9	4
20	8	9	3	26		19	14	5	8	6
	15	14	8	2	6	11	5	6	13	5	14
29	7	8	5	9	22	14	1	4	9	8
14	8	6	10	3	5	2	10	4	6
			23	8	9	6			

SOLUTION NO. 134

	O		D		S		A		A		B	
T	H	R	E	A	T	E	N	I	N	G	L	Y
	M		P		A		O		S		A	
A	S	S	I	G	N	E	D		W	I	C	K
			C		Z		E		E		K	
F	L	O	T	S	A	M		A	R	R	O	W
	U		S		S		A				U	
S	C	O	W	L		O	B	J	E	C	T	S
	I		E		T		S		Q			
I	D	L	E		E	L	O	Q	U	E	N	T
	I		D		X		L		I		O	
A	T	T	E	N	T	I	V	E	N	E	S	S
	Y		D		S		E		E		E	

Keyword: BOSTON

267

SOLUTIONS

SOLUTION NO. 135

36	35	34	33	32	31	30	29	27	26
37	39	40	41	42	43	44	45	28	25
38	96	95	68	67	63	62	47	46	24
97	99	94	92	69	66	64	61	48	23
100	98	93	91	84	70	65	60	49	22
88	89	90	85	83	73	71	59	50	21
6	87	86	82	79	74	72	58	51	20
5	7	81	80	78	75	57	54	52	19
4	1	8	77	76	56	55	53	18	17
2	3	9	10	11	12	13	14	15	16

SOLUTION NO. 136

A	W	I	T	H	U	N	T	E	D
L	B	D	D	Y	R	A	N	S	E
T	A	N	E	N	A	W	O	C	A
U	O	E	S	U	R	A	I	T	P
R	Y	R	A	N	D	Y	F	I	E
E	E	T	G	I	R	G	U	S	E
P	R	I	L	E	B	I	T	N	T
P	E	X	O	D	R	V	I	A	R
I	N	O	D	G	E	E	S	E	A
L	S	I	S	A	V	E	H	C	R

SOLUTION NO. 137

					20				
6		2							
					3			6	
	2			4					14
			8						
	6						24		
		12					14		
	2		3						
				14					
8		3					10		
					18	2			
			5	2					
			2	2		4	12		
10			2	2					3

SOLUTION NO. 138

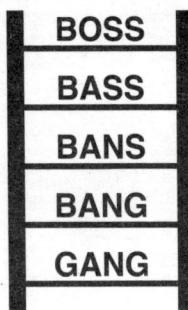

BOSS

BASS

BANS

BANG

GANG

SOLUTIONS

SOLUTION NO. 139

```
      I     P L I G H T
      M     E
  B   P R E D I C A M E N T
B O   A T   V   J
O N   S H   D I L E M M A
N D I S M I S S   N   C   O   U
  E C   E C       G   T   R   N
    C   A                 A   B
L O Y A L T Y             L   U
  E     E       C   F     I   R
  P R E S S U R E   O U S T E D
  C     E       A   R     Y   E
  I             S   C         N
  O         R E L E A S E
U N S E A T         D
```

SOLUTION NO. 140

7	9	1	3	6	4	5	2	8
6	4	8	1	2	5	3	9	7
3	2	5	9	8	7	4	6	1
2	3	7	8	9	6	1	4	5
8	5	9	4	1	2	7	3	6
4	1	6	7	5	3	2	8	9
9	8	3	5	4	1	6	7	2
5	7	2	6	3	9	8	1	4
1	6	4	2	7	8	9	5	3

SOLUTION NO. 141

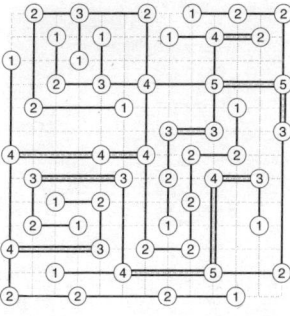

SOLUTION NO. 142

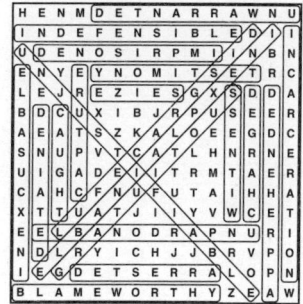

SOLUTIONS

SOLUTION NO. 143

(grid puzzle solution)

SOLUTION NO. 144

41	40	39	37	36	30	29	22	21	20
42	44	45	38	35	31	28	26	23	19
43	48	47	46	34	32	27	25	24	18
49	51	52	53	33	10	11	13	17	16
50	56	55	54	9	2	4	12	14	15
57	59	60	61	8	3	1	5	89	90
58	65	64	63	62	7	6	88	92	91
66	67	75	76	78	79	87	93	100	98
68	71	74	77	80	83	86	94	97	99
69	70	72	73	81	82	84	85	95	96

SOLUTION NO. 145

M	U	P	T	I	O	Q	U	E	D
S	R	U	N	O	N	D	B	L	E
D	D	R	C	I	I	L	E	R	A
E	E	R	O	T	C	N	D	E	L
E	R	I	M	T	I	O	G	N	I
D	E	R	P	P	E	C	S	I	N
S	E	D	R	O	D	E	L	A	M
I	C	G	R	P	Y	R	P	I	C
M	E	N	I	E	T	A	C	T	E
T	I	I	O	D	G	N	O	R	W

SOLUTION NO. 146

	7	18	7			21	22	
7	1	4	2	12		9	7	
16	2	6	5	3	16/27	9	7	
12	4	8	30	9	8	7	6	23
			25/12	9	5	3	8	
6	4	2	9	2	7	7	1	6
14	8	6	4/16	1	3	14	5	9
11	5	1	2	3	13		11	18
	27	7	9	6	5	6/7	1	5
	8	3	5	29	8	5	7	9
					9	2	3	4

270

SOLUTIONS

SOLUTION NO. 147

```
M         P
Y   C H I C A G O
S   T   G   U   K
T H O U S A N D S   I
E   R   L   L O N E L Y
R   Y   L   M O E   L
Y       M   O V   E
    I N S U R A N C E
        R   E L   G
        D   Y   O G R E S S
                R   T   C
F I R E S       I N D I A N A
A   R           W   P
R   D E A T H   A   E
M   S               Y
    S U S P I C I O N
```

SOLUTION NO. 148

2	4	5	7	3	6	1	8	9
7	1	8	4	5	9	6	2	3
9	6	3	2	8	1	5	4	7
5	8	6	9	7	4	2	3	1
1	9	7	3	2	8	4	5	6
4	3	2	6	1	5	7	9	8
3	7	1	5	9	2	8	6	4
8	2	4	1	6	3	9	7	5
6	5	9	8	4	7	3	1	2

SOLUTION NO. 149

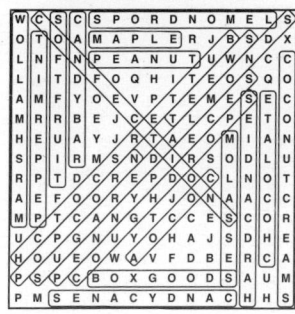

SOLUTION NO. 150

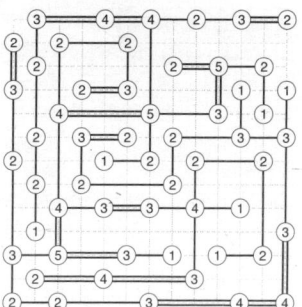

SOLUTIONS

SOLUTION NO. 151

MURDERESS

SOLUTION NO. 152

G	I	S	T		G	A	Z	P	A	C	H	O
Y		E		D		V		R		U		D
R	E	P	L	I	C	A		E	M	B	E	D
A		I		S		T	R		I			S
T	R	A	N	S	P	A	R	E	N	C	Y	
I				A		R		Q		L		J
N	O	T	A	T	E		T	U	X	E	D	O
G		H		I		W		I				T
	R	E	A	S	S	E	S	S	M	E	N	T
S		R		F		A		I		T		I
T	E	M	P	I		K	I	T	C	H	E	N
U		A		E		E		E		O		G
D	E	L	U	D	I	N	G		A	S	P	S

Keyword: GROWTH

SOLUTION NO. 153

E	E	C	Y	R	T	S	I	T	I
R	Y	H	N	I	S	A	U	G	L
I	T	G	I	N	Y	G	T	C	E
E	I	S	R	E	S	P	C	U	T
C	O	N	U	C	A	I	A	E	R
O	I	H	R	T	F	L	U	R	I
M	T	E	A	D	S	U	B	E	F
M	A	A	V	E	E	R	N	E	D
O	T	S	C	E	I	C	I	L	O
N	P	L	A	G	R	E	A	T	P

SOLUTION NO. 154

96	95	82	81	76	75	70	69	67	66
97	99	94	83	80	77	74	71	68	65
100	98	93	84	79	78	73	72	64	63
90	91	92	85	58	59	60	61	62	51
88	89	86	57	56	55	54	53	52	50
9	87	2	4	45	46	47	48	49	39
10	8	3	1	5	44	43	42	40	38
11	12	7	6	23	29	30	41	37	36
13	16	18	20	22	24	28	31	35	34
14	15	17	19	21	25	26	27	32	33

SOLUTIONS

SOLUTION NO. 155

								15			
	2	2				2	3				
16			2		12				2	4	
		5					3				
			3		2						
	4									5	5
				5							
						10					
										6	
			30			7					
				4							
					2			30			
									8		
10	2			3			4				2
										15	

SOLUTION NO. 156

Kakuro solution grid with the following filled values (row by row):
- Row 1: 8 9 | 8 9
- Row 2: 9 5 8 6 | 1 7
- Row 3: 7 1 | 6 9 7 4
- Row 4: 2 3 1 | 1 4
- Row 5: 3 1 | 9 2 4
- Row 6: 2 5 3 1 | 9 8
- Row 7: 6 9 | 6 2 5 8
- Row 8: 1 4 8 | 3 2 | 4 8 3
- Row 9: 1 5 | 4 8 3
- Row 10: 1 2 9 4 | 5 1
- Row 11: 6 7 | 3 1 5 4
- Row 12: 8 9 | 2 3

SOLUTION NO. 157

Crossword solution containing the words:
HOG, GILT, CULTIVATOR, LIVESTOCK, PORKER, SOW, BOAR, DAM, DOMESTIC, BACONER, WORKER, SWINE, RANCH, ANIMALS, SNOUT, PIGLET, BARROW

SOLUTION NO. 158

7	1	3	8	9	4	5	6	2
9	2	4	6	5	7	3	1	8
5	6	8	2	1	3	9	7	4
8	4	9	3	2	1	7	5	6
3	7	2	4	6	5	8	9	1
6	5	1	7	8	9	4	2	3
1	8	5	9	3	6	2	4	7
2	9	7	1	4	8	6	3	5
4	3	6	5	7	2	1	8	9

SOLUTIONS

SOLUTION NO. 159

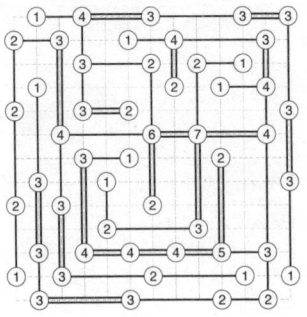

SOLUTION NO. 160

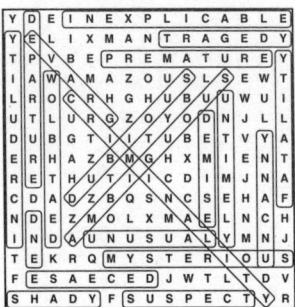

SOLUTION NO. 161

Keyword: LINCOLN

SOLUTION NO. 162

53	54	55	83	82	80	79	73	71	70
52	56	84	86	87	81	78	74	72	69
51	57	85	96	89	88	77	75	68	24
50	58	97	100	95	90	76	67	25	23
49	59	99	98	94	91	66	26	22	19
48	60	62	93	92	65	27	21	20	18
46	47	61	63	64	28	1	3	17	16
40	45	44	43	34	29	4	2	15	14
39	41	42	35	33	30	5	9	13	12
38	37	36	32	31	6	7	8	10	11

SOLUTIONS

SOLUTION NO. 163

D	U	A	R	F	E	L	D	O	O
B	M	O	N	S	S	A	S	S	B
L	D	Y	E	A	B	N	O	I	G
O	O	D	N	G	U	T	I	N	N
E	C	E	I	L	H	C	T	A	I
I	Y	S	N	D	E	R	I	L	L
T	R	W	I	L	A	Y	K	E	R
B	E	A	E	S	U	G	H	T	R
E	H	C	R	T	E	S	P	M	E
T	R	A	Y	A	L	N	E	O	C

SOLUTION NO. 164

(grid puzzle)

SOLUTION NO. 165

2	1	5	4	6	8	3	9	7
9	8	3	7	2	5	6	4	1
6	7	4	9	3	1	8	5	2
1	5	7	6	9	4	2	8	3
3	6	2	5	8	7	4	1	9
4	9	8	3	1	2	5	7	6
7	2	9	8	4	6	1	3	5
8	3	6	1	5	9	7	2	4
5	4	1	2	7	3	9	6	8

SOLUTION NO. 166

(crossword solution with words: PUBLICATION, EDITORIAL, RELEVANT, DAILY, WEEKLY, NEWSPRINT, GAZETTE, NEWSROOM, LAYOUT, PRINTING, TABLOID, MEDIA, etc.)

275

SOLUTIONS

SOLUTION NO. 167

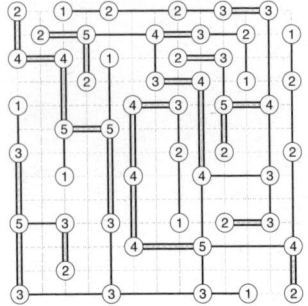

SOLUTION NO. 168

```
T E R R O R B S M F L E E T S
B V R M N T L O W L R D K R S
Z F N B I X I O L E H N B E O
F E A R J S X L K T O O R P E
S W Z E C I G V P D R C E I W
D I S M A Y E I K S R S P D O
L A L A R M W I V B O B R A R
E S C A P E M Y C I R A T R
N O I T A N R E T S N O C I Y
V S V T U O R A E L C G S O Q
K H M A K E O F F N S W L N C
U N E A S I N E S S U W H I G
B Y B P E F R I G H T R N P O
S Q U F E C R A C S U A X P
Q O Y T E I X N A W P Y M E E
```

SOLUTION NO. 169

```
I D L E ■ H E A D A C H E
N ■ E ■ U ■ N ■ I ■ R ■ X
F A M I N E S ■ S K I M P
L ■ O ■ E ■ U ■ C ■ N ■ A
U R N ■ M ■ R ■ O R G A N
E ■ ■ P L E A T ■ E ■ S
N ■ P ■ L ■ ■ ■ H ■ D ■ I
T ■ R O Z O N E ■ E ■ ■ V
I V O R Y ■ B ■ Q ■ F E E
A ■ S ■ M ■ T ■ U ■ J ■ N
L E A S E ■ A W E S O M E
L ■ I ■ N ■ I ■ S ■ R ■ S
Y A C H T I N G ■ A D D S
```

Keyword: CAREFUL

SOLUTION NO. 170

	13	20	3				
7	1	4	2	13		14	34
21	8	7	1	5	13	1	4
13	4	9	25	8	1	7	9
		17	15	26	5	6	8	9
	3	2	6	2	4	15	7	8
6	5	1	4	1	3	13	6	7
20	9	5	2	4	8		19	8
	13	4	5	3	1	7	3	1
	4	3	1	27	7	6	9	5
					10	1	7	2

276

SOLUTIONS

SOLUTION NO. 171

65	66	67	71	38	37	35	27	26	25
64	68	70	72	73	39	36	34	28	24
63	69	79	78	76	74	40	33	29	23
62	80	81	82	77	75	41	32	30	22
61	87	86	85	83	44	42	31	21	18
60	88	89	96	84	45	43	20	19	17
59	90	95	97	100	46	1	2	16	15
58	91	94	98	99	47	3	4	14	13
56	57	92	93	51	48	5	8	12	11
55	54	53	52	50	49	7	6	9	10

SOLUTION NO. 172

E	H	A	H	A	R	T	N	E	E
V	C	T	D	P	A	T	I	O	G
I	D	E	E	P	C	R	O	N	N
T	A	N	B	R	I	C	H	R	A
E	I	C	A	O	C	E	E	R	A
D	T	E	F	N	O	S	S	S	H
E	I	N	P	S	P	M	T	I	L
V	Y	I	I	P	P	O	R	A	B
I	C	A	R	U	L	C	E	T	A
S	E	S	E	T	A	N	E	S	T

SOLUTION NO. 173

							30		2			
			4			2			2		3	
2		2					6			3		2	2
		11		2				4				
	12		6									2
			2		10				12			2	2
4												
					30		2				4	
							4		27			
												6
6										5		
	2								12			

SOLUTION NO. 174

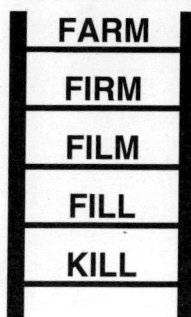

FARM

FIRM

FILM

FILL

KILL

277

SOLUTIONS

SOLUTION NO. 175

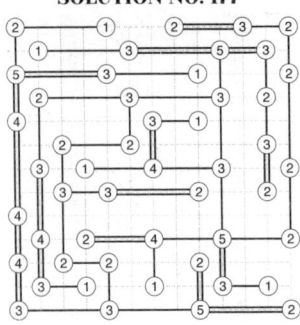

SOLUTION NO. 176

9	3	1	6	4	2	7	5	8
8	2	4	9	7	5	6	1	3
7	6	5	8	3	1	9	2	4
6	4	9	1	8	7	2	3	5
1	7	3	2	5	9	8	4	6
2	5	8	4	6	3	1	9	7
5	8	2	7	1	4	3	6	9
4	9	6	3	2	8	5	7	1
3	1	7	5	9	6	4	8	2

SOLUTION NO. 177

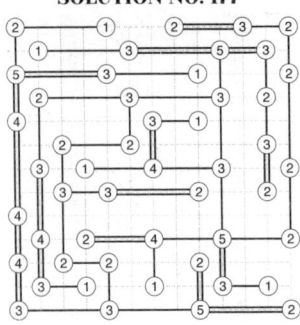

SOLUTION NO. 178

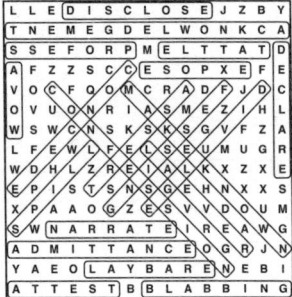

SOLUTIONS

SOLUTION NO. 179

28	29	31	32	38	39	40	41	42	43
27	30	33	37	52	51	50	49	45	44
26	34	36	53	54	55	56	57	48	46
25	35	65	64	63	62	61	60	58	47
24	66	68	69	70	71	72	73	59	1
23	67	90	89	88	79	78	76	74	2
22	91	96	98	99	87	80	77	75	3
21	92	95	97	100	86	83	81	10	4
19	20	93	94	85	84	82	11	9	5
18	17	16	15	14	13	12	8	7	6

SOLUTION NO. 180

A	E	I	H	X	E	S	R	O	T
T	F	B	I	G	H	E	C	S	I
U	T	T	I	T	C	R	I	V	
R	S	N	S	S	S	I	E	A	M
E	E	T	K	R	A	M	D	N	A
S	R	E	S	I	R	U	O	T	L
P	E	S	M	K	E	A	T	T	N
E	L	E	V	A	C	E	M	R	O
C	C	N	R	S	T	N	E	A	I
T	A	D	O	A	M	U	S	C	T

SOLUTION NO. 181

							2				
	30							8		4	4
							2				
							3				
					28				3	2	
											20
5							4				
							10				
					6						
		8						9		2	
2	2						12				3
							12				
		4				7					
	2	4						3		6	2
	2			8		6					

SOLUTION NO. 182

		12	16				21	17
	21	3	1	9		17	9	8
15	28	5	9	8	6	20	16	7	9
16		7	9	18	7	1	3	5
24		8	7	9	11	2	9	17	8
	15	12	7	8	14	8	1	5
14	15	6	2	1	5	12	16	9	3
7		6	1	14	2	1	4	7
15		9	5	1	8	7	2	5	23	6
		11	9	7	2	18	14	7	6	1
22	8	8	9	1	4	11	16	9	7
5		3	2	24	5	9	2	8
6		5	1		14	5	9	

SOLUTIONS

SOLUTION NO. 183

SOLUTION NO. 184

9	5	7	6	8	2	4	3	1
1	6	3	4	9	7	2	5	8
8	4	2	5	3	1	9	7	6
4	2	6	8	7	9	5	1	3
5	7	9	1	4	3	6	8	2
3	1	8	2	6	5	7	4	9
2	3	5	7	1	6	8	9	4
6	9	4	3	5	8	1	2	7
7	8	1	9	2	4	3	6	5

SOLUTION NO. 185

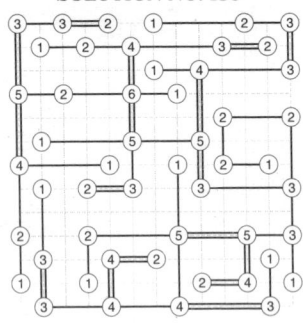

SOLUTION NO. 186

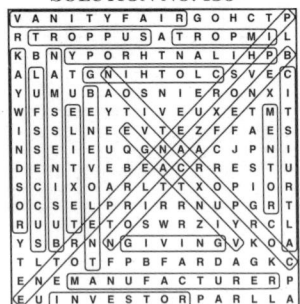

SOLUTIONS

SOLUTION NO. 187

FRAUDULENT

SOLUTION NO. 188

Keyword: BROKER

SOLUTION NO. 189

63	64	65	40	39	35	34	33	27	26
62	66	68	69	41	38	36	32	28	25
61	67	84	83	70	42	37	31	29	24
60	85	86	87	82	71	43	30	23	19
59	91	90	88	81	72	44	22	20	18
58	92	93	89	80	73	45	21	17	14
57	99	98	94	79	74	46	16	15	13
56	100	97	95	78	75	47	10	11	12
54	55	96	77	76	48	9	1	5	4
53	52	51	50	49	8	7	6	2	3

SOLUTION NO. 190

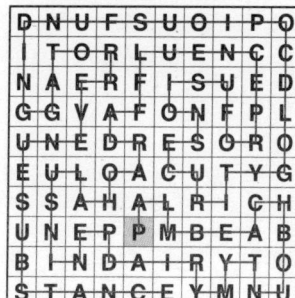

SOLUTIONS

SOLUTION NO. 191

			4			6			2		
2	13	2	2		5		3				
							4		6		
			5		6						24
					4				10		
		24					2	5			
			5			2					
13				8							
			3						4		
			2								
			2			30				3	
	2		2		10						
					5				5		

SOLUTION NO. 192

	3	17			13	12		
3	1	2		15,19	6	9	13	
11	2	9	11,21	5	2	3	1	11
	28	6	9	8	5	6,12	4	2
7	14	13	7	6	23,18	6	8	9
19	6	8	5	13,11	9	4	20	
6	1	5	23,16	8	6	2	7	7
	11	1	5	2	3	23	4	1
9	16	9	8	1	14,20	7	8	9	6
9	2	4	3	14	8	6	15	
16	7	9	10	27	5	7	9	6	4
	11	3	1	2	5	7	4	3
		16	9	7		6	5	1

SOLUTION NO. 193

SOLUTION NO. 194

7	3	4	5	6	8	2	1	9
6	5	2	3	1	9	8	7	4
9	8	1	2	4	7	5	6	3
4	7	6	9	5	1	3	2	8
5	9	8	7	3	2	1	4	6
2	1	3	4	8	6	7	9	5
8	6	7	1	9	5	4	3	2
1	4	5	6	2	3	9	8	7
3	2	9	8	7	4	6	5	1

SOLUTIONS

SOLUTION NO. 195

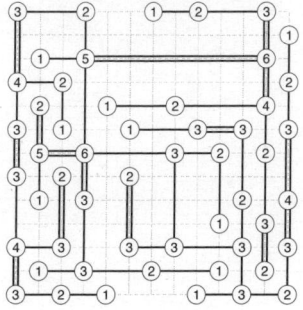

SOLUTION NO. 196

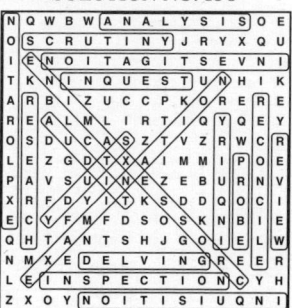

SOLUTION NO. 197

Keyword: DESTROY

SOLUTION NO. 198

8	7	6	5	4	3	2	1	39	38
9	10	47	46	45	44	43	42	40	37
11	48	49	76	77	86	87	88	41	36
12	50	75	78	85	94	93	91	89	35
13	51	74	79	84	95	99	92	90	34
14	52	73	80	83	96	100	98	67	33
15	53	58	72	81	82	97	68	66	32
16	54	57	59	71	70	69	65	64	31
17	20	55	56	60	61	62	63	30	29
18	19	21	22	23	24	25	26	27	28

283

SOLUTIONS

SOLUTION NO. 199

```
K R I H S E C N A R
D P R S I E C G N O
I M E N B L L I D E
S O H E G N U E O N
R C N I L U B L I T
E G I N G C E E E S
R A S R B N A S U Q
D O U U S I D S U N
E I V I H O V A G U
D O B L O F F S H R
```

SOLUTION NO. 200

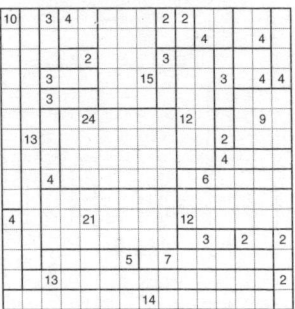

SOLUTION NO. 201

```
C A P I T A L                           B
    G                       L       P   R
  R E C R U I T             E       R   A
    N   E                   V       O   N
I N D U S T R Y             E       F   D
    A   E                   L   R   F   I
        A           V O C A T I O N     G
        P   R   C   S       G   T       M
D I R E C T O R S   E               S   A
I   O   H   N                       A   R
G   D   U   S       A F F A I R S       K
I   T       U                       L   E
T   C   C O M M E R C E                 T
A   T       E                       S
L           S E R V I C E
```

SOLUTION NO. 202

5	1	6	4	7	3	8	2	9
4	3	7	8	9	2	6	5	1
9	2	8	6	1	5	7	3	4
1	8	4	9	2	7	5	6	3
3	6	9	5	8	1	4	7	2
2	7	5	3	6	4	9	1	8
6	9	3	1	5	8	2	4	7
8	4	2	7	3	6	1	9	5
7	5	1	2	4	9	3	8	6

SOLUTIONS

SOLUTION NO. 203

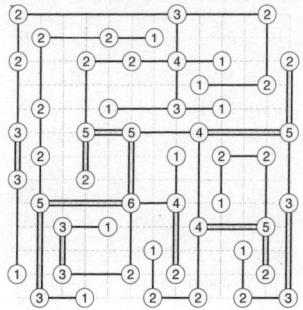

SOLUTION NO. 204

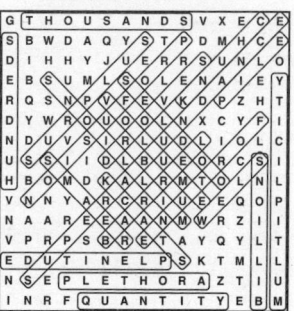

SOLUTION NO. 205

SOLUTION NO. 206

Keyword: FURTIVE

SOLUTIONS

SOLUTION NO. 207

46	45	44	1	2	3	4	5	6	7
47	49	50	43	35	34	14	13	9	8
48	51	55	56	42	36	33	15	12	10
52	54	73	72	57	41	37	32	16	11
53	92	91	74	71	58	40	38	31	17
96	95	93	90	75	70	59	39	30	18
97	100	94	89	76	69	67	60	29	19
98	99	88	87	77	68	66	61	28	20
84	85	86	80	78	65	62	27	24	21
83	82	81	79	64	63	26	25	23	22

SOLUTION NO. 208

C E E D A S S E N T
N D I U B N U E N I
E E N R F O R R G T
G L E D N I M U S E
V U N M E D A D O L
I N I I A L I M L L
D G P O S C S S C D
S E X R U O O I S I
S O R E P R N O W N
E F P Y R O T S P U

SOLUTION NO. 209

2									5
2		25					2		
							2	2	4
4	5								
2						10			
			4					2	
		12						2	2
				20		7		9	
	12								
					5				
				22					
		8		2			6		
									5
2							26		
	2	2		4		4		2	

SOLUTION NO. 210

A crossword-style solution featuring words including: ARISTOCRACY, ARRESTED, CRUELTY, IMPRISONED, IMMORAL, ILLICIT, REMORSELESS, CALLOUSNESS.

SOLUTIONS

SOLUTION NO. 211

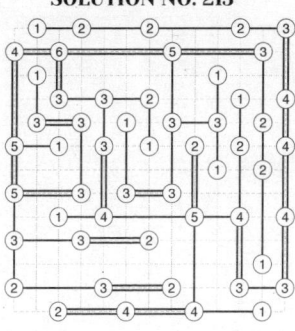

SOLUTION NO. 212

6	1	2	9	5	3	7	8	4
7	9	3	4	8	2	5	1	6
8	4	5	7	6	1	3	2	9
2	6	8	5	3	7	4	9	1
4	3	1	6	2	9	8	5	7
9	5	7	8	1	4	2	6	3
3	8	4	2	9	6	1	7	5
1	2	9	3	7	5	6	4	8
5	7	6	1	4	8	9	3	2

SOLUTION NO. 213

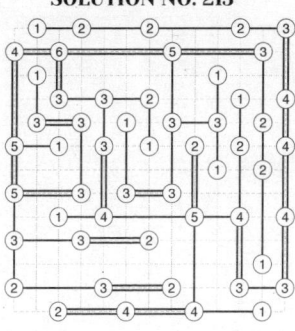

SOLUTION NO. 214

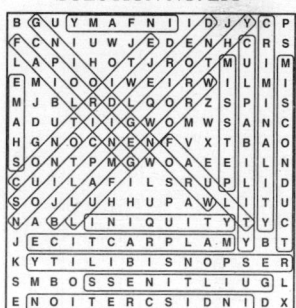

287

SOLUTIONS

SOLUTION NO. 215

13	14	15	19	20	21	22	23	24	25
12	16	18	50	51	52	53	54	27	26
11	17	49	61	60	59	58	57	55	28
10	48	62	63	83	82	81	79	56	29
9	47	64	84	85	97	98	80	78	30
8	46	65	86	96	100	99	92	77	31
7	45	66	87	95	94	93	91	76	32
6	44	67	69	88	89	90	75	74	33
2	5	43	68	70	71	72	73	37	34
1	3	4	42	41	40	39	38	36	35

SOLUTION NO. 216

R	E	V	O	S	R	E	R	A	E
T	I	M	E	V	T	I	L	E	B
U	S	P	R	I	C	M	A	T	S
R	R	L	O	C	T	C	O	E	A
E	E	W	U	A	S	E	N	L	P
S	O	O	S	A	Q	U	J	E	R
I	L	L	I	L	E	R	U	L	D
C	E	B	T	Y	O	N	R	E	E
I	L	T	S	S	I	T	A	N	R
T	W	H	I	U	F	F	E	R	E

SOLUTION NO. 217

2				2	20						
			6								
						5			2	12	
			12		3			2			6
								4			
		22									
		3		3		5	4				
		6									
		6									
			6						15		
			6								
	3			2							
			8		2		8		2	2	2
9	5						9			21	

SOLUTION NO. 218

3	7	9	4	8	1	6	2	5
4	1	6	5	7	2	9	8	3
2	5	8	3	6	9	1	4	7
9	4	1	7	5	8	2	3	6
8	6	7	2	4	3	5	1	9
5	2	3	1	9	6	8	7	4
7	8	2	9	3	5	4	6	1
1	3	5	6	2	4	7	9	8
6	9	4	8	1	7	3	5	2